BA HUA SHUO DAO KE H

把话说到客户心里去

篱落 ◎ 主编

黑龙江科学技术出版社
HEILONGJIANG SCIENCE AND TECHNOLOGY PRESS

图书在版编目（ＣＩＰ）数据

把话说到客户心里去 / 篱落主编. -- 哈尔滨 : 黑
龙江科学技术出版社, 2019.7
ISBN 978-7-5719-0234-6

Ⅰ. ①把… Ⅱ. ①篱… Ⅲ. ①销售－商业心理学
Ⅳ. ①F713.55

中国版本图书馆CIP数据核字(2019)第143228号

把话说到客户心里去
BA HUA SHUO DAO KE HU XINLI QU
篱　落　主编

项目总监	薛方闻
策划编辑	沈福威
责任编辑	回　博
封面设计	吕佳奇
出　　版	黑龙江科学技术出版社
	地址：哈尔滨市南岗区公安街70-2号　邮编：150007
	电话：（0451）53642106 传真：（0451）53642143
	网址：www.lkcbs.cn
发　　行	全国新华书店
印　　刷	北京铭传印刷有限公司
开　　本	880 mm×1230 mm　1/32
印　　张	6
字　　数	150千字
版　　次	2019年7月第1版
印　　次	2019年7月第1次印刷
书　　号	ISBN 978-7-5719-0234-6
定　　价	36.80元

前 言
PREFACE

　　表达，让客户获得信息，是一件并不困难的事情。如果是卖方市场，大可不必费尽周折，遗憾的是，现在大环境大多是买方市场，同品类大多溢出，我们需要不断强调产品自身的特点，才能赢得更多的客户。

　　那么，怎样表达才能说到客户心里，切中要点，促成交易呢？

　　不可否认，无论什么样的交易，最后总要落在交谈上，所有的交易都是人的交易，市场依赖于产品本身，更离不开人性。

　　所以，对客户的语言表达不仅要建立在产品本身上，更要重视客户的喜好。

　　大千世界，人的性格各异，虽然都在市场这个看起来狭窄的空间中体现，但表达方式也多种多样。举个简单的例子，微笑，虽然适应大部分场合，但时机把握尤为关键，否则，你的微笑可能会被误解。说话更是如此。怎样说，在什么时候说，得到的结果不尽相同。我们虽不能奢望每一次开口都能成交，但这并不妨碍我们将说话的技巧运用到极致，这至少是一种对职业的尊重。

　　作者经过多年实践，将获得的说话技巧做了延伸和整理，希望能够给读者带来一些启发。

作者在写这本书的时候，曾思考过怎样才能带给读者更加实用的东西，因为有些方法仅限于特定的场景，这让这些方法看起来很尴尬，没有一点儿实用性，这是作者最不愿意看到的。所以，在长时间思考后，作者还是决定讲一些故事，说一些规矩。诚然，这些故事和规矩是需要读者充分理解领悟后，才能应用的，但这也比说一些没用的方法要好得多。

目 录
CONTENTS

|第一章|

怎样说，才能让客户非你不选　001

让对方尽快做决定　002

如何获得对方的信任　006

懂得抓住客户的心　010

"只有我才能帮助您"　014

不吝惜对客户的赞美　017

懂得劝说客户　021

给对方足够的尊重　025

给对方构建足够的利益　029

欲取必先舍　033

说好开场白　037

知己知彼，取胜之根本　041

从多方面了解客户　045

|第二章|

与客户交谈的几个法则　　　　　　　**049**

以退为进法则　　　　　　　050

虚虚实实法则　　　　　　　055

借势谈判法则　　　　　　　059

欲擒故纵法则　　　　　　　063

发挥自己最大的优势　　　　067

学习是最好的手段　　　　　071

当心你的"小动作"　　　　075

多倾听有助于销售　　　　　079

|第三章|

如何掌控客户的心　　　　　　　　　**083**

如何引起客户的关注　　　　084

如何找到双方的平衡点　　　087

如何引出客户的需求　　　　091

如何唤醒客户的好奇心　　　095

如何处理客户的抱怨　　　　099

如何应对客户的"不"　　　104

引导客户说"是"　　　　　108

帮客户分析　　　　　　　　112

掌握对方的性格　　　　　　116

|第四章|

站在客户的角度思考　119

何种情况下开门见山　120

学会反客为主　123

一针见血，击中客户要害　127

必要的时候，恰当沉默　131

记住对方的名字　135

不要与客户争辩　139

学会换位思考　143

|第五章|

说话的细节　147

用幽默化解尴尬　148

销售成败取决于是否诚实　151

学会自我反省　155

心态的重要性　158

赞美客户的弱点　161

不说废话，说有用的话　164

热情的魅力　168

发自内心地关怀客户　172

学会和客户搭话　176

别让客户觉得你不靠谱　181

01
CHAPTER

第一章
怎样说，才能让客户非你不选

市场，存在着排他性，大多数时候，同行是冤家，让客户只钟情于你，你就是胜利者。你要知道怎样表达，才能让客户在理性的市场上对你产生感性的依赖，甚至是习惯。

让对方尽快做决定

现象 *带着犹豫而来，而你不曾给他坚定。*

"货比三家""我再想想，再看看""我明天再来"等这些话是买家的口头禅，也可以说是买家常用的拖延战术。

站在买家的角度，这无可厚非，给自己争取更多的有利空间；但站在卖家的角度，如何才能使顾客快速决定交易，把钱赚到手里呢？

在成交法则里，有几个你必须了解的步骤。

第一个步骤：知己知彼

什么是知己知彼？就是先熟悉自己，再去弄懂客户的心理。所谓熟悉自己，是要明白自己的角色定位，然后"知彼"，慢慢挖掘对方的需求。只有让客户先接纳我们，客户才能进一步去接纳我们的产品。

接下来就是细节问题，在销售过程中要万分留意，把所有注意力都放在客户身上，客户的一言一行，一举一动，哪怕是类似弯腰的一个细小动作，你都要看在眼里，这样才好"随时出击"，让客户对自己产生好感。

第二个步骤："假想成交"

所谓"假想成交"，就是假设你跟客户的销售意识已经达成，你觉得聊得差不多的时候，把合同亮出来，把服务内容具体化，让他觉得这个东西已经非他莫属了，谈妥时，让对方签字，一锤定音。

但合同亮出来的时候，是有技巧的，不要太刻意。因为到最后一步的时候，客户往往会小心翼翼，合同上偏大的金额数字，也让客户承受的心理压力比刚开始交谈的时候，要大得多。

等一切都谈得差不多的时候，把合同很轻松自然地拿出来，要很"随意"地把合同拿出来，这就需要在交谈的时候，给对方营造一种轻松的交谈氛围，这样，客户的接受度往往要高一些。

第三个步骤："快准狠"

不要让客户有太长的考虑时间，一旦其考虑时间长了，眼看要成交的单子，很可能也会飞走。

举个例子：

小王是一位二手房销售业务员，他接待了一位客户，一来二去交谈得也算可以，于是准备成交。但就在三方都在场的那天，这笔单子黄了，客户接了一个电话，马上变得犹豫不决了。

那个电话，很显然是其他房产公司的业务员打来的。这位客户又恰好还没有与小王签约，就动摇了。

本来小王是可以拦住这位客户，打消他这种犹豫的，但小王没有这样做。当客户对小王说"我想再看看"时，小王迅速答应了。

小王的"宽容"一下就断送了这笔单子，客户没有再回来，坚持了一个月的小王"鸡飞蛋打"。事后小王自己也很后悔，对主管说自己没有把握好时机，没有把握好那笔单子。

小王究竟错在哪里呢？就错在他在知情的情况下，却没有及时拦住客户，并向客户讲明其中的利害关系。小王在当时完全可以这么说：我们这套房子您也看了很久了，想必您也有意要购买，才会挑选得如此认真。房子的位置以及价格是非常合理且优于其他地方的，如果换作同等的房子，他们的价格不一定会比我们的更"美丽"。我们这套房子是相当抢手的，也是因为先生您诚意十足，才把您认作这套房子的未来主人。您犹豫一分钟，这套房子就会多一分被别人抢走的危险，再加上我也陪您看过这么多房子了，您心里肯定是有数的。

毋庸置疑，在跟对手势均力敌的情况下，必须有一种先下手为强的魄力。

第四个步骤："信号跟踪"

销售人员要察言观色，客户说的每一句话都要留神，当你在向客户介绍产品时，如果他说还不错的时候，你就要注意他这句话的潜台词里有成交的概率。这个时候你就要停止一切废话，不要再过多解释，只需要做一个引导动作，把产品放到客户面前，并诚恳地说：产品很好，相信您一定会满意的，您是现金支付还是电子支付呢？

第五个步骤：正确使用筹码

大家去商场购物可能有过这样的经历：不少销售员，一开始就向客户抛出自己的筹码——可以给你申请到几几折。给顾客打折是商家常用的技巧，用得好，那自然卖得好；用不好，单子就流失了。

那么什么时候使用这个筹码最合适？不宜太早，应该放到最后。太早抛出来，客户会产生一种商品很廉价的心理。所以应该在你们交谈得差不多，只差最后一个环节时，才把这个"法宝"拿出来，提高成交速度。

第六个步骤：给顾客施加压力

给顾客施加压力是提高成交率的关键法宝。如在某宝购物时，当你看中一件商品，下了订单，没有付款。这时候商家就会弹一个窗口出来：如果现在不买，过几天就没有优惠了，要尽早做决定。这时候的你通常马上就会下单。

以上法则，能加快成交速度，也能稳步"拿下"客户，给自己带来可观的人脉与财富。

如何获得对方的信任

现象 客户和你沟通时，如临大敌。

想要产品卖得好，想要项目谈得好，获得客户的信任是至关重要的一步。那么如何才能获得客户的信任呢？

我认为重要的一点是职业形象。顾名思义，形象直接决定了对方想不想和你继续交谈下去，愿不愿意花更多的时间听你介绍产品与项目内容。

所谓人靠衣装马靠鞍。好的形象会赢得客户的第一好感，就好比自己去商场买东西，在形象好与形象差的两个导购面前，你往往会不自觉地走到你认为形象好的导购面前去，会选择在她家购买东西。

由此可见，好的形象与优雅的谈吐在顾客心里极为重要，第一撒手锏会让客户对你的信任大增，在潜意识里他们往往会把你定义成这次要成交的对象。但在形象方面，除了着装，言行举止也颇为重要。

当然，以上只是"铺垫"。一味地只看重形象显然是不行的，如果没有内核，很容易给别人带来华而不实的错觉，所以第二方面要对客户体现的就是专业。

专业是对自己的产品了如指掌，以及对整个行业信息都能对答如流，能给客户提供准确有用的信息。

在这里我先举个例子。

小白售卖咖啡机与咖啡豆。某天他上门拜访客户，希望客户能长期从他手里购买产品。

他简单寒暄之后，开门见山地表明了来意："李老板，我们这批咖啡豆是从国外进口的，口感极好，我们为了满足国内客户的口味，配备了几款不同的咖啡豆，甜的、苦的、酸的都包含在其中。每一箱是 24 包，给您的价格可以适当优惠些，给您的开票价是 78 元一袋，您的零售价可以定位在 108 元左右。这款产品非常适合在市场售卖，且利润空间也很大，希望您能优先考虑我们的产品……"

但无论小白有多么诚恳，李老板的态度始终不冷不热。等小白说完时，李老板才彻底拒绝了小白。他说："某知名产品之前就来过，产品过硬，开出的价格比你的更低。说实在的，看你说了那么半天，我也不忍心忽悠你，就实话实说了，这次合作恐怕是不成了。"

其实李老板的潜台词是希望价格再低一些，但小白听了李老板的话之后，就礼貌地起身告辞了，并没有正面回答李老板提出的问题。

说到底，还是因为小白经验不足，由他的做法可以看出他并非一名专业的销售人员，不专业，就很难打动客户，也就直接与人民币"挥手告别"了。

要知道，销售人员并不是简单把产品卖给客户就算完事了，对于市场代理商的开发，还有团队的维护管理，客户后面一系列的问题都要有深究。

如果小白能把眼光放远一点儿，告诉客户，他卖的不只是咖啡豆，卖的是价值，那结果会好得多。卖的是什么价值呢？例如告诉李老板公司以后的品牌宣传、团队管理和对市场的把控，以后都由公司负责，实行一条龙的服务，那么李老板肯定不会拒绝与小白合作。

但小白没有把这些专业的台词搬到明面上来说，没有做细致的分析，导致丢失了这一单生意。

行业知识、产品知识、公司服务策略、市场与竞争者之间的关系……懂得越多，对你的销售就越有利。

罗赛尔·赛奇曾说：坚守信用是成功者的最大关键。除了专业，销售人员的人品也是赢得客户信任的一个重要途径。这里所说的人品包括销售人员对客户的承诺遵守情况。对客户期许过的承诺不能随意变卦，说一是一，即便牺牲了自己的利益，也要兑现自己对客户的承诺。

在客户面前，还要做一个善于倾听的人。在交谈过程中，不要随意打断他人谈话，一定要让对方畅所欲言，在对方发言结束之后，你才能慎重地给出意见。

现实中有部分销售人员在与客户交谈时，会自作聪明地以为知道对方的思维，插嘴抢话、抢答。殊不知，这会引起客户的反感，本来客户有意成交，也会因此直接中断。

除了形象好、专业知识强、善于聆听、人品好，还有一点就是要得到客户的认同。通常前面四点完成得好，基本上也就等同客户认可了自己，但还要加上一个细节，想要客户认同自己，需要花足够的时间和耐心。

毕竟一次成交算不上销售的成功，无数次成交才是对自己能力的肯定以及客户对你的肯定。

懂得抓住客户的心

现象 客户没有兴趣，更不想跟你说话。

古人云：知己知彼，百战不殆。销售也是一样。一笔生意的成功与失败，关键在于客户。

想要顺利拿到合同，还是得先了解客户的需求。俗话说，投其所好，送其所要。作为一名销售人员，无论你的话说得多漂亮，说得多么天花乱坠，但若没说进客户的心里，一切都是白费。

拉里在一家健身会所做健身顾问，他拉客户时都是这样说："小姐您好，这是我们健身会所的宣传单，您可以看看，环境与地段都不错，楼下就是停车场，附近设施都很齐全，店内有游泳、跑步、有氧舞蹈与搏击健美等运动项目，价格也低于其他同行，您看着合适的话，我们可以去参观一下，就在离这里不远的地方。"见客户不说话，拉里继续说："不知道您对我们健身会所哪里不满意呢？"女客户轻轻叹了一口气，说："你说的这些确实都很完美，但我想这并不适合我，因为我不住这附近，住在离这里 20 公里远的地方。"

说完，女客户头也不回地走了，留下拉里一个人在那里目瞪口呆。很显然，这一单失败了，拉里丢失了一位客户。

拉里销售失败的原因是他没有弄清楚客户的真实意图，不做任何准备就盲目推销，结果只能惨淡收场。

销售人员必须知道，你卖的并不是产品，而是客户的需求，只有换位思考才有可能成功地把产品卖出去。

在与客户交谈时，对方未必会把自己的真实想法告诉你，这就需要销售人员在与客户交谈时擅长捕捉有用的信息。

Jason 在百货店里做售货员，一天，一位 60 多岁的老人前来购物，他看中一款牙膏，但看到价格时他犹豫了。

这时候 Jason 是怎么做的呢？他走上前去，把牙膏从置物柜里拿出来，微笑着告诉老人这是一款可以改善口腔溃疡、牙龈出血等一系列口腔问题的牙膏，然后他再问老人是因为什么想要买这款牙膏的。

老人说自己经常口腔溃疡，之后，Jason 说出了一些关于口腔溃疡的专业词汇，老人觉得他不仅态度诚恳且相当专业，随即掏钱购买。

为成交而成交反而会适得其反，强买强卖的生意多数不会成功，销售靠的不是一张喋喋不休的嘴巴。只有站在客户的角度，把自己当成客户，真心为客户着想，才能事半功倍。

针对不同的客户，有不同的绝招。但多数客户都会有一个"贪"字，价格自然是越低越好，所以商场所谓的折扣对顾客来说非常管用，哪怕面前那样东西是自己用不到的，也会抱着先买回去再说的心理买下来。

在快要成交的时候，销售员可以把"申请折扣"的最后"大招"搬出来，从而彻底俘获客户的心。

在销售的过程中，切记要少说"我"，多说"我们"，给客户一种心理暗示，你们是绑在一起的，你是设身处地站在客户的角度为他着想的。

有很多销售人员在销售过程中很容易对客户产生不耐烦的心理，这种心理一定不能在明面上表现出来，以免让客户觉得你对这笔生意并不真诚，要用轻松自然的语气对客户说话，对方会觉得很满意，即便这次因为某些原因未完成合作，但你的名字以及你这个人，想必会深深印在对方的脑海里，如果下次有类似合作的事情时，他第一个想到的一定会是你。

销售员要本着顾客是上帝的宗旨，照顾好客户的情绪，满足客户的需求，不要放弃任何一个不满意的客户，即便他的主意总是变来变去，你也要不厌其烦地倾听与解答。

如果自己的产品并没有太大的优势，要懂得把自己独有的那一个优势点扩大，像放大镜一样，一点点在客户面前放大，让客户只看到这一个优势点，而忽略掉其他劣势。

销售人员在自己讲解的同时，也要时刻观察客户的面部表情，如果对方听得很认真，有兴趣参与，那就继续讲下去；若是客户一脸不耐烦的神情，销售人员就要赶紧打住现在的话题，调整策略方向。

客户摇摆不定时，很喜欢运用拖延战术，例如当销售员都说得差不多的时候，他最后会提出"再看看"来结束这场谈话。销售人员千万要记住，可以先同意顾客的决定，但最后还是要把他拉回到自己的主场上："货比三家当然没有错，但是，您可以再了解一下我们的产品。"

请注意上文的"但是"这个词，可以重新为客户与销售员之间开启一道门，重新提供卖点，通过此方法，再次把客户的注意力吸引过来。

销售中，当客户露出了"一脸疑问"的表情，销售人员就要当即抓住机会，因为这很可能是交易即将成功的信号。

为什么客户的"不懂"会是交易即将成功的信号呢？因为多数客户在已经了解了商品的性能时，他会故意装不懂，其实无非就是顾客想打人情牌，压压价，但这一切，都表明他们有成交的欲望，作为销售人员，要快速给出解决方案，诚恳地给客户一点儿小优惠，把此单拿下。

在销售过程中，销售人员一定不要连续发问，不要把问题全都抛给客户，连续发问，会给客户带去无形的压力。要有对话式的引导与沟通。

一桩买卖成交时，不要就此结束话题，可以趁客户消费"意犹未尽"时，继续发起"攻击"，促成第二单成交。

客户的心，完全取决于销售人员的心，以客户的需求为主，其他为辅，销售人员想成交更多的订单，一点儿也不难。

"只有我才能帮助您"

现象 口头答应，第二天又反悔。

选择，是市场中常有的事情，"货比三家"才是正常的市场行为。

如何让客户选择你？

除了展示自身的优质资源，还要不断强调排他性——只有我能帮助你。在交谈过程中，需要不断强化这种暗示，同时，需要同步引导客户肯定这一说法。

当然，在交谈过程中，客户犹豫的因素并不是单一的，而是多种多样的。在做商务咨询的生涯中我发现，其实很多客户自己面临着巨大的难题，他们通常是在压力重重的情况下才会找咨询公司解决问题。

但是因为他们对于咨询和整个市场陌生的原因，同时因为可能会支付大笔咨询费，因此很忐忑。在这种情况下，他们往往喜欢找数家公司咨询，并拿来做比较。

通常遇到强有力的竞争对手时，我团队中的同事会感到有压力。每每这个时候，我都让他们先不要想竞争对手的事情，全力以赴地把我们的创意和方案做好。

而我会根据客户的语气和神态来判断他们的意图，尤其是在我讲方案时他们专注的程度和点头的频率，以及眼神表达出的含意。

我曾经在一个丝绸国企竞标中，明显感觉到提案阶段当时在座的各位领导对我们提出的想法十分感兴趣，但是他们仍然对我说："你们的创意和建议都很好，不过我们还是需要考虑一下。你知道的，我们还找了 A 公司和 B 公司，他们在业内的名气要比你们大多了，而且你们的价格并不便宜。"

这是客户对身为此项目的负责人的我所说的话。大家注意了，他在肯定我们的同时，也明确告诉我他还找了 A 公司和 B 公司，并且有意抬高 A 公司和 B 公司的社会地位。一般的人会觉得客户是在委婉地拒绝我们，或者说拿 A 公司和 B 公司来压我们而争取更多的利益。大家还要注意他最后一句话："而且你们的价格并不便宜！"这个信号是什么意思？一个人对于不想买的东西是不会去在意价格的。这种对我们既肯定又否定的词语里面，是暗示我们主动降价，他们才会考虑与我们合作。

对于着急或者怕失去客户的人一定是在思考降价多少才能保住不赔钱，又能让客户因为价格而选择我们。要是把客户这段话重新来理解一下，我个人是不会这么做的，因为当时客户对我们还是比较满意的，他只是想以更低的价格来达成合作罢了。

而我对这位负责人的回答则是："您说的 A 公司和 B 公司作为业内人士，我比较熟悉。他们的确都非常好，而且公司里面人才济济。但是据我所知，A 公司最擅长的是美工设计，他们做的图的确很漂亮，我个人也非常佩服；至于 B 公司，据我所知，他们在专业性上的确过硬，但他们的总部并不在北京，而是在深圳。这边只是他们的一个分公司，员工只有 5 人左右。

"但是您这次项目的要求，是个全案策划再加上后期需要不断改进阶段性方案，以及配置大量的资源才能完成的项目。先不说资源配置，就仅做这个项目的人手，没有 8 人也是运转不开的。

"而且这个项目需要我们双方在后期合作中不断碰撞磨合，大家一起把工作做好。当然如果 B 公司能给您这个项目派一个水平在我之上，并且能够长期驻扎在北京的人，那么他们应该也能够把您的项目做好。"

最终，客户经过考虑和商讨，把项目交给了我们。大家可能注意到，我并没有在谈判中顺着客户的思路降价。也没有说 A 公司和 B 公司的坏话。只是实事求是地分析了客户项目的现状，A 公司和 B 公司的现状。

最终客户因为我的引导，发现 A 公司和 B 公司真的不适合他们。也或许他一开始就知道这些，只是为了让我们降价才提出 A 公司和 B 公司的存在。在他们心里，我们本来就是第一候选公司。

这个时候我只需要强调只有"我才是最合适的"这一条，并且有能力帮助他把项目完成得更好即可。

不吝惜对客户的赞美

现象 客户对你的推销毫无反应。

赞美是这个世界上最动听的语言，几乎没有人会抗拒它，谁都希望得到别人的赞美，你我都一样，这其中自然也包括客户。

赞美是一门艺术，赞美得当会让客户对你的印象极好，赞美过于浮夸则会适得其反。

小张是一位入行不久的保险销售员，为了使自己的业绩变得好一些，他时常会向前辈请教一些销售的秘诀。前辈的销售秘诀都很相似，那就是——赞美。

某天，小张上门拜访一位企业家林总，他自我介绍完，表达上门意图之后，他就对林总赞不绝口，从个人到家庭再到公司，赞美了整整十分钟也没有停下来的意思，最后林总无奈地打断了他的话。

人虽然喜欢被赞美，但一定要找到一个点去赞美，找个理由去赞美，不要盲目赞美，这种不真诚的赞美，不但不能让对方接受，反而会让客户厌恶自己。且小张面对的客户还是新客户，虽然赞美是销售方式里很重要的一招，但在新客户面前不要贸然进行赞美。销售员在与客户接触的过程中，要善于发现客户的优点，要有充分的理由对客户进行赞美，真诚的赞美才能让客户更容易接受。

莱特是家居公司的销售员，他长年稳坐销售冠军宝座，当别人问他销售秘诀时，他露出八颗牙齿的微笑：适时赞美。

莱特是怎么赞美他人的呢？

某次有位客户来选购几款窗帘，她在一款纯色植绒窗帘面前徘徊了很久。这时莱特走过去对客户说："小姐，您的眼光真是非常不错，这是我们店内卖得很好的一款产品，您可以考虑看看。"客户问："怎么卖呢？"莱特微笑着回答："这款的价格是1580元。"

客户犹豫了一会儿对莱特说有点儿贵，能否再便宜一些。莱特依旧一脸笑意，他问客户："您家是住在哪个小区呢？"客户回答："世纪城。"莱特说："这可是市里数一数二的楼盘，那里的房价是平常地段的两倍，绿化与安全系统做得非常好，交通也很便利，您的房买在这么好的地方，应该是不会在乎这几个钱了。但是呢，刚好我们店内在做店庆活动，可以给您申请到八折。"

莱特的话音刚落，客户就兴奋地叫道："太好了，太好了。"这一单，莱特轻松拿下，而且客户也是高高兴兴地成交的。

莱特确实很会赞美人，虽然赞美于无形之中，但莱特的话，客户句句都听进耳朵里了。

莱特首先是赞美客户有眼光，接着赞美客户居住的小区，赞美客户的品位，不露痕迹的赞美显然非常高超。

如果莱特像小张一样，不顾头尾地一顿乱夸，这笔交易肯定是要泡汤的。说话是一门艺术；相应地，赞美也是一门艺术，都要在脑海里琢磨透彻，才能把话说到客户心里去。

虽然赞美是很简单的一个词，但在赞美客户上，要运用一些策略与技巧，才能打动客户的心。

在和客户对话时，如果找不到赞美的点，可以制造一些话题，对客户进行赞美。

赞美分两种，一种是直接赞美，一种是间接赞美。直接赞美众所周知，当面对客户进行赞美，那什么是间接赞美呢？

举个例子。

米可与 Linda 同是一家小众品牌时装的销售员，店里迎来了一位顾客，顾客在试戴围巾的时候，米可跟同事小声说道："身材真苗条，气质也很好，真的是天生的衣服架子。"

米可没有对顾客进行直接赞美，她是间接跟 Linda 说的，她这样说，顾客也会听到，这种赞美的力度对顾客来说也是相当大的。顾客一开心，接下来的事情就好办了。

再举个例子。

有一次，古琦跟朋友一起去商场某化妆品柜台，她原本没有什么购物目标，只是随便逛逛。这个时候导购走过来，特别热情地问她们需要什么。大家都知道，人对笑脸是没有抵抗力的，因为对方很热情，她们就多站了一会儿，古琦随意地说："想看看粉底液。"

导购根据古琦的肤色介绍了一款产品，问她有没有化妆，她说没有，导购拿出试用装给她："没化妆的话您可以先试用一下这个颜色。"在她试妆的时候，导购和古琦朋友聊天："我见过很多女生妆容虽然很精致，但细看的话皮肤毛孔多少还是有点粗，但我刚刚看您朋友，她的皮肤非常细致，毛孔也很小，在不化妆的情况下，她的皮肤色泽看上去也很好，真是让人羡慕。"

古琦试用了之后，二话不说很干脆地掏了钱，买下了那瓶价格并不是很低的粉底液，并非常愉悦地离开了柜台。

在这个过程中，那位导购表现得非常自然，用不高不低的音量间接赞美古琦，既不让人觉得她是为了赞美而赞美，又让古琦听见了她的赞美。

人都喜欢得到别人的肯定，赞美能让客户满足自我炫耀之心，也能体现其价值所在。不要吝惜自己的赞美，也不要过于夸张地赞美，在互动中赞美，在真诚里赞美，在一个切入点里赞美，相信，你能很快走进客户的心。

懂得劝说客户

现象 客户喜欢一条路跑到黑。

作为一个销售员，要懂得劝说客户。所谓劝说，即带着真诚的建议和足够的理由去说服客户。

在说服客户的过程中，销售员要懂得察言观色，如果在劝说的同时，发现客户的注意力根本不在自己的身上，而是在想别的事情，一副心不在焉的表情，那么销售员这时要止住话语，想办法把客户重新"拉"回来。

销售员小李是专卖玉器的，他坐在门店里，等着客户上门。第一位客户进门之后，小李热情地接待了这位客户。小李询问客户的需求，客户说她想给妈妈买一款手镯，她妈妈大概55岁。

小李询问完客户的预算后，马上从柜台里拿了一款冰种翡翠出来。但他没有马上介绍这款手镯的特点，而是跟客户唠起了家常。没过5分钟，客户就显得有点儿心不在焉了，但没有很明显地表达出来。

这时候销售员小李还在打感情牌，说客户是一个非常孝顺的女儿，现在像她这样的人已经很少见了。开始客户还会礼貌地回应几句，但最后就干脆沉默不语了。

小李意识到冷场后，马上住嘴了，他马上回到了销售产品的正题上，给客户介绍这款玉器，在介绍的同时，问了客户妈妈的手腕尺寸，并非常诚恳地给出了建议，最后客户买了这款玉手镯。

销售员要注意，在聊天时不要闲扯太多，应该注意分寸，聊得太多会引起客户反感。如果小李一直不回归到正题上，很容易就会错失这一单。如果要闲聊的话，可以选择在售后与客户建立一下情感，方便第二次购买与成交。

在进行说服的过程中，销售员也要非常注意自己的面部表情，不要做一些扭捏的动作，那会对销售带来不好的影响。销售员形体得当，表现得素质高，对于客户来说，会觉得自己买的产品都是非常高贵的。

艾生是一个非常年轻的小伙子，但他比一些前辈销售业绩更出色，业务能力更强。

他每次销售的时候，都会有条不紊地进行劝说，从来没有挤眉弄眼的小动作，永远礼貌，永远谦逊。按照逻辑对产品进行讲解，因为专业素质过硬，即使客户中途插话，也不会影响他之前的思维。他总是有足够的理由，让客户买下他的产品。所以一直以来，他的业绩都是公司第一。

懂得说服的销售员，都是一流的销售员。不管你用什么方式，口若悬河也好，三言两语也好，能说服客户那就是最好的方式。每个人的方式方法都不同，销售毕竟不是生搬硬套，而是灵活多变的。只要找到最适合自己的方式，能劝说客户就可以。

劝说有技巧，销售员要多动脑，善于思考，才能掌握要领。有些销售员说很多话，也比不上别人说两句话来得实在，这是为什么？因为点子没用对。

我们来看一则例子。

销售员温斯顿非常会说话，他被别人称为销售之王。

有一次，一位客户来他们公司买非常昂贵的钻石，一位非常专业的珠宝专家接待了他，并详细地为他介绍了珠宝的产地与质地，切工方面也做了详细的解说。

客户听得很认真，但珠宝专家说完之后，他无动于衷，完全没有表现出购买的意愿。客户在听完之后，起身礼貌地回复："虽然您的讲解非常好，钻石也非常棒，可我想它并不是我想要的。"

在一旁的温斯顿看到客户的举动之后，马上走了过来，拦住客户。他礼貌地笑道："既然您这么远来了，那就再耽误您几分钟，让我再给您做个介绍好吗？属于温斯顿版本的介绍。"

客户听了之后哈哈一笑，答应了。温斯顿从销售员手里小心翼翼地接过钻石，放在客户面前，非常真诚地说道："这真是一颗无比剔透的钻石，您看它的美，简直无可替代，它的光芒真是任谁都无法阻挡，这是我最爱的一颗钻石呀。"

客户听完之后，从温斯顿手里接过钻石，左看右看，爱不释手，最后决定买下了它。

都是一样的劝说，但结果却完全不同。话虽如此，温斯顿三言两语让客户买下了钻石，但是那位珠宝专家也并没有做错，因为他具备足够的专业知识，他要等待的只是一个时机，因为并不是所有客户都如这位买珠宝的客户一样，喜欢"煽情"的劝说。

所以遇到什么样的客户，就用什么样的方法。一般来说，销售人员带着逻辑与情感对客户进行劝说，是最能说服客户的。但是在销售里，要见招拆招，什么本领都得有，什么样的话都要会说。

给对方足够的尊重

现象 没能满足客户的心理需求。

尊重他人，就是尊重自己，在销售行业也是如此，更甚者，尊重他人就是尊重自己的薪水。作为一名销售员，要明白尊重客户的重要性，对任何一个客户都是如此，不能搞"特殊化"，应一视同仁尊敬对之。

世界最伟大的销售员乔·吉拉德之所以这么成功，跟他的为人处世有关，其中还有很重要的一个原因，就是他非常尊重客户。

有一次乔·吉拉德跟往常一样在工作，一位中年妇女走了进来，她看上去50多岁的样子，模样普通，穿着也很普通，从表面上来看，完全不具备购买能力。

但乔·吉拉德并没有因为这而怠慢这位客户，他非常热情地走上去与客户交流，虽然客户说"随便看看而已"，也并没有打击乔·吉拉德的积极性。他依旧微笑如初，为这位客户服务。

客户显然被他的热情所打动，很主动地与他交流了起来，并告诉乔·吉拉德她这次来的目的，她说她确实想购买一辆汽车，因为今天是她的生日，想买辆车给自己做生日礼物。

乔·吉拉德听完之后，非常真诚地祝她生日快乐。说完祝福语的乔·吉拉德一边把客户请到座位上，一边对助理说了些什么。

约20分钟之后，乔·吉拉德的助理捧了一束花进来，走到这位客户身边，轻声地对她说道："祝您生日快乐。"客户此时此刻激动得完全说不出话来，感激之情完全洋溢在了脸上。

她说从来没有想到会有这样意外的惊喜发生在自己身上，这真是一件非常让人高兴的事。

在交谈的过程中，她告诉乔·吉拉德，自己也去过其他的汽车售卖店看过，但别人看见她这副样子，都不愿意搭理她，她也就不主动去说些什么了。

在这么多销售员里，只有乔·吉拉德真正地把她当成"上帝"去看待，她从内心感谢他。因为这些细节，再加上乔·吉拉德最后的详细介绍，那位女士最终在乔·吉拉德手里买了一辆汽车，并心满意足地离去。

如果乔·吉拉德也像其他销售员一样对那位客户置之不理，那她肯定也不会痛快地成交这一单。你给予对方尊重，对方一定会看在眼里，所以千万不能"势利眼"，每个人都值得被尊重。你对别人好，别人会加倍对你好；你尊重别人，别人也会更加尊重你。

小乔是地产公司的顾问，某一天，他与客户约定第二天上午11点去看房。但不巧的是那次小乔重感冒发烧了，夜里烧到38摄氏度，人躺在床上，也没有什么力气说话。

第二天早晨 8 点，他按时起床，也不管自己是不是好一点儿了，精神有没有恢复过来，穿上西装，戴上领带就要往外跑。他妻子在一旁拽着他，说："你还重感冒呢，就往外奔，不要命了吗？"

小乔苦笑了一下，告诉妻子，他说他也没办法，他今天约了一位客户，不能失约，要言而有信才行。虽然妻子反对，但小乔还是去见客户了。他强打精神，与客户会面，像往常一样，给客户做详细讲解，俨然是一个没有生病的正常人。

等面谈差不多结束之后，客户问小乔是不是生病了，说看他脸色煞白。小乔便把他患重感冒的情况告诉了客户，客户听了之后大为感动，当场就直接认定小乔为他的私人顾问，不允许任何销售员插足。

作为一个销售员，懂得尊重别人，也就意味着可以在这条道路上走得越来越远。小乔显然意识到了这一点，就算生病了，也不能随便爽约，因为那样会给自己的信誉带来不利影响。

在销售行业里来说，不能爽约，不能怠慢任何一个客户，要把他们当成很重要的领导人物一样对待，给予真诚，给予尊重，你才会在销售业内有一席之地。

但现实生活中，很多销售员很难做到这一点。比如你去鞋店买鞋，店里的销售员第一眼就会落在你的鞋上，根据你的鞋来判断你是否有购买实力。如果你穿得很一般，那他可能都不会走上前来与你打招呼，他会觉得你只是随便看看而已。想必你就算真的想买鞋，也会换一家鞋店，反正都是花钱，何不开心点儿呢？

说个例子吧。

有一次我陪闺密去看一款包包，闺密那天打扮得并不是很时尚，就随意套了件运动装，看上去倒也干净阳光；而我呢，也是随意着装，没有刻意打扮。

我们进店之后，没有销售员上前介绍，都是一副爱搭不理的样子，闺密问一句，销售员才有气无力地答一句。没过多久闺密就烦了，拉起我就想走。其实那款包包闺密相中很久了，也是带有明确的目的前来的。可是销售员那副"死气沉沉"的态度，用闺密的话说就是"自己的尊严遭到了践踏"，她宁可去很远的店，也不想在这里买了。

销售员只有给客户足够的尊重，客户才会留下来与你继续谈判。不管这位客户是否真的想买，都要耐心地对待和讲解。而且，你怎么能那么确定自己是火眼金睛？即使你能分辨客户的财力，那些看上去有钱的客户，也未必会买你的产品吧？

你分辨不出哪个客户是"真"客户，哪个客户是"假"客户，只有通过交谈，才能确定谁有明确的购买欲。所以，销售员必须确保对待每个客户都是一样的，才不会让每一笔有可能成交的订单白白流失。

给对方构建足够的利益

现象 *客户感觉你不可信，处处防备。*

客户购买任何东西都是把利益摆在第一位的，所以销售员应该清楚一个事实：那就是他们只会为了自己的利益而购买，并不是因为你或者其他因素购买。

在利益这点上，要深挖客户的需求，不要以自我为中心，觉得自己的产品多么多么好，不考虑客户的感受。比如，客户的需求是什么？这对他会不会产生利益？销售员要从这点出发思考，结合实践，以达到成交的目的。

如果销售员一味地讲自己的产品多么好，不考虑客户喜不喜欢的话，是一定推销不出去产品的。

销售员小江登门拜访客户，带了自己事先准备好的仪器，落座之后，开始向客户介绍仪器的性能以及优点。小江开始说话之后，就完全没有停下来的意思，说得非常有激情。

他告诉客户他的产品是多么多么棒，多么多么实惠，如果不买的话一定会后悔。客户没等他说完，就打断了他的话语，给小江泼了一盆冷水："很抱歉，虽然你的东西很好，但我想它并不适合我。"

小江一听赶紧收住后面的话语，并对客户表示抱歉，然后抱着仪器灰溜溜地走了。

为什么失败？拜托！能不能停下听一听客户的需求，客户想要什么，你还没弄明白呢，就自作聪明地开始演讲。

我们再来看另一位销售员大刘，大刘到了客户家里之后，简短地寒暄了两三句（要注意，说得太多会过），与客户聊天的时候对房间观察一遍，从客户的房间布置来揣摩客户的消费水平。（注意不是左右瞥看，而是很自然的目光）

大刘与客户聊天的时候，问客户需要什么款式和价位，并给客户分析产品可以给他带来哪些利益，然后再落脚到产品的优点上。

所谓面面俱到，从客户的心理、客户的利益、客户的疑问，大刘都回复得很好。在客户准备订购的时候，大刘让客户再等等，说他们公司会推出一款新的产品，会更适合客户现在的需求。

客户非常感动，他表示以后只要需要类似的产品，还会从大刘处订购。为什么呢？原因很简单，因为他觉得大刘在维护他的利益，在帮他争取利益。从人情与利益上来说，选择大刘推销的产品都没错。

你能满足客户什么利益，你就抛出来，毕竟客户与销售员之间，是"买"和"卖"的关系。

在一个家具展览会上，有一个聪明的商家为了多吸引一些客户前来，他设计了一些有意思的小卡片，并且在卡片后面写上了一些字：凭此卡片，可以到某某柜台领取精美礼品一份。

这个主意一出，该商家的柜台就被围得水泄不通，当然，这个方法也给商家带来了很大成交量。

顾客为什么会去商家柜台？为了利益，那"精美礼品"赫然的几个大字，深深地吸引着他们，召唤他们前去。他们的心里只有自己，当然只关心自己的利益。

你能给客户带去利益，客户自然会来选择你的东西；你没带给他利益，合作商千万家，客户凭什么要选择你呢？

再举个例子。

小王是一名汽车配件销售员，他拜访了一位客户，按照客户约定的时间来到了约定的地点。

客户："这是我们第一次合作，不知道你们家的产品怎么样啊？"

小王："这个您可以放一万个心，我们的产品质量绝对是过硬的，很多大公司都是我们的合作商。"

客户："话是这么说，可为什么你们的产品价格要比其他同类型的产品高呢？"

小王："像这类产品，它的成本本来就要高一些，但是跟其他公司比的话，我们已经算是低的了，如果再低的话，我们恐怕连成本都收不回，我们也不能亏价卖啊。"

客户："既然如此的话，那就算了吧……"

小王销售为什么会失败？过于关注自己的产品，只把目光和心思放在自己的产品和利益上，没有考虑客户的需求与利益，所以小王只能以失败告终。

正确的销售方式应该是怎样的？我们来看一下：

客户："这是我们第一次合作，不知道你们家的产品怎么样啊？"

小王："我们这个品牌在这个行业里来说算是金口碑了。之所以站得住脚，是因为我们的产品和服务都是一流的。这些您去打听就知道，很多大企业都跟我们合作过。我们的产品给他们带去了很高的业绩，如果贵公司跟我们合作的话，相信你们的工作效率和业绩也会大大提升的。"

客户："话是这么说，可为什么你们的产品价格要比其他同类型的产品高呢？"

小王："这款产品确实比其他的价格要高些，但是相对来说，它的性能也更好一些，会给贵公司带来更大的利益。"

客户："这么说也是……那就定你们家吧。"

这才是漂亮的回答，每一句都在替对方考虑，完全没有聊自己的利益会如何如何。

你为客户考虑，客户是能感觉出来的，你为客户的利益考虑，客户自然也会为你的利益考虑。

欲取必先舍

现象 推销的人都六亲不认。

先说一则故事。

有个售卖鱼缸的青年，来到一座小城进行售卖。虽然他的鱼缸工艺非常精美，但一天下来，一个鱼缸都没有卖出去。为什么呢？因为小城里的人都没有养金鱼的习惯，也不知道金鱼养了之后会不会活得长久，所以青年的生意很清淡。

第二天，青年想了一个法子，他跑到两公里之外的花鸟市场，在一位老先生那里买来了 1000 条小金鱼，让老先生帮他一起放生到附近的河里。这老先生生意也一直冷清，忽然来个这么大的买主，他非常高兴，就照青年的吩咐去办了。

不到半天，"河里有很多小金鱼"这件事马上传遍了小城的大街小巷，大家都纷纷挽起裤脚去捉鱼，一条条鲜活的小金鱼被小心翼翼地捧在手里，捉到鱼的人们都很开心地去青年那里买鱼缸，本来 5 元一个都没人买的鱼缸，这会儿 10 元一个仍卖个精光。

这是什么？这就是销售里的"欲先取之，必先舍之"，如果青年不先花钱买那 1000 条金鱼，他又怎么能卖光他的鱼缸呢？先付出，后回报，不管是事业还是销售都是这个道理。

记得我曾亲历过一件这样的事。

有一次我跟旅行团去旅游，大家都知道，跟团走的话必定会被带到购物点的。导游把大家带到了一家特产店，里面有各类小点心。一开始都没人买，不管销售员讲得多么动听，游客们都无动于衷，但后来销售经理一出场之后，就变得不同了，大家都是几袋几袋地买，这是为什么呢？

原因在于一个细节：销售经理摆出了几个小碟子，装满了各种吃的，并告诉大家，不用客气可以随意试吃，然后自己先带头吃了起来。

销售经理做的就是舍，为了售卖出商品，付出食物，大家盛情难却，想到吃都吃了，不买点什么，也不好意思离开。

还有一件事是在美容院发生的。其实那次并不是我想去美容院，而是被在外面发传单的小伙子给"忽悠"上去的，他说店内有活动，能凭他手里的优惠券做一次免费的面部清理。我本来是不想去的，但因为这个小伙子对美容行业非常了解，他说的那些也很专业，所以我也就去了。我想这么专业的业务员，美容院应该也不会差到哪里去。

进店了解之后，确实是可以免费护理。美容技师花了 30 分钟给我做了一个面部护理，做完之后的确非常清爽。店内没有任何强买强卖行为，这反而激起了我的兴趣。

我主动去了解了他们公司的产品，最后买了 1000 元的护理疗程。

我本来是想去免费享受一次服务，后来反而往外掏了1000元。

商家的精明完全不露痕迹，先是让客户免费试用，在试用的过程中也不做任何推销，让客户自己用心去感受他们的产品。在"舍"方面，他们算是把这一点的功能发挥到了极致。

"舍"可以分为两种：一种是物质利益；另外一种就是真诚。以上这种就是物质的舍与付出。

还有一种是"精神"上的付出，就是真诚与热情，把客户当朋友，真心地为对方付出。

里克与约翰是多年的合作伙伴，约翰是里克最大的合作商，约翰为什么要把那么肥的生意交给里克去做呢？这是有原因的。

里克最开始认识约翰的时候，约翰其实是不怎么搭理他的，觉得他跟其他的销售员没什么两样，纯粹只是为了自己的销售业绩，卖弄伎俩而已。

但约翰并不是那种油嘴滑舌的销售员，他不管大小节日，甚至精确到每天，都会礼貌地给约翰发出问候，这样的事情，一般的销售员或许能坚持几个月、半年，但能坚持到一年的，就很少见了。

可里克就做到了，整整一年，他都没有间断过真诚的问候。当一个人长时间坚持做一件事情的时候，哪怕是极细微的事情，对方也能看得到。约翰把里克做的这些都看在了眼里，渐渐地与约翰熟络了起来。

其实每天的问候只是一个铺垫，他们之间还发生了一件事情，才让约翰彻底把自己的业务全交给里克去做。

那是什么事情呢?

有一次约翰要去外地出差,但是如果自己走了,家里的两只猫就没有办法喂养,送去宠物店他怕他的猫会不适应,一时半会儿他也想不到合适的人选来替他照看两天猫。

思来想去之后,他想到了一个人——里克。他拨通了里克的电话,把这个不情之请告诉了里克。说实话,他也不知道为什么就把电话打给了里克,大概是里克每天的问候,早已潜移默化地改变了他。里克听了约翰的请求之后,马上就答应了他,说自己可以替他照看猫。

后来的事情,也就水到渠成了,约翰把所有的订单都交给了里克,因为他觉得里克是一个值得信赖的人,肯定也会是一个不错的合作伙伴。

无论何时,只有"舍"才能收获更大的回报。一门心思想索取,必定什么都得不到。

说好开场白

现象 **你好这句话，实在太老套了。**

一张牌如何打，开头很重要。如果出错一张牌，很可能会全盘皆输，对于销售员来说，也是如此。如果开场白开得不好，顾客会流失，钞票自然也就看不到。

能引起客户注意的开场白，就是好的开场白。就像你在逛商场，一位卖衣服的导购员高喊："卖衣服了，卖衣服了，全场八折。"而此时另外一家店也在高喊"卖衣服了，卖衣服，最好的款式，最动人的价格，明星同款，都来看一看"。对比一下这两家有什么不一样呢？很显然，第二家比第一家对客户而言，更有吸引力，能成功地把客户吸引进去。

可见一个好的开场白有多么重要，直接决定销售的成与败。当面对面与客户交谈时，你的举止语言，以及亲切的程度，都能直接决定客户是不是想与你继续交谈下去。

有一次，一个销售灯具的年轻人上门拜访一个企业家，他说他的灯具非常好，话还没说完就被企业家轰了出去。

第二天，这位年轻人再次登门造访，客户一看还是他，就对他说："你走吧，我是不会买你的东西的。"但这次年轻人没有出去，而是做出了一个惊人的举动，他从口袋里掏出一张 5 元钱，把它撕得粉碎，并问客户："您会不会心疼？"

客户虽然小愣了一会儿，但还是淡定地说："不心疼，又不是我的钱，我为什么要心疼？"

年轻人摇摇头，说："您错了，我撕的是您的钱。"

客户一头雾水，表示不解："为什么撕的是我的钱？睁着眼睛说瞎话，明明是你的钱。"

年轻人笑着说："您使用我的灯具来照明，每天起码可以节约 5 元钱，一年 365 天，一年起码节约了 1825 元，10 年算下来的话，是 18 250 元！您说我撕的是不是您的钱？"

客户这时不再争论，当即就买下了他的产品。

开场白何等重要，你的话、你的举动，会在第一时间里映射到客户的眼里。你用独特的方式，就能轻而易举地把客户吸引过来，拜访前，多下一番功夫是很有必要的。

再说一组开场白的例子。

销售员何为去拜访客户刘经理，进到办公室之后，何为马上展现笑脸："刘经理，您好！真是非常感谢，您在百忙之中还找时间来接待我，真是非常感谢您！"（诚挚感谢的话，对方听了当然很开心）

落座后，何为接着说："刘经理，您这办公室看上去非常精致有品位，来到这里之后，让人都感觉提高了一个档次，想必您生活中也是个非常高雅的人！"（谁都喜欢赞美，尤其是有了一定地位的人）

说完之后，何为递上了自己的名片，有意抬高客户的同时，也表示尊重客户。

到这里的时候，明显能感觉到刘经理对销售员何为的态度渐渐友好起来，也能看出来他们双方这场合作谈得非常愉快。

从以上来看，就不难看出，好的开场白，就是要客户有与你继续交谈下去的欲望，如果第一面，你的印象留得不好，之后就很难弥补，除非你能想到以上例子里那位年轻人撕钱的那一招。

开场白分很多种，刚刚那位销售员用的就是赞美式的开场白，通过赞美，让客户得到认可和满足。同时也避免了开场的尴尬，营造了一种很和谐的气氛。

那么还有一种就是提问式开场白，一个好的提问，就可以很顺利地把客户引导进来，销售员可以直接向客户提出话题，从而引起对方的注意。当然，恰当的时候要问恰当的话，才不会适得其反。

提问式的开场白之后就是"笑话式"开场白，所谓"笑话式"开场白，就是给客户讲个小故事，当然了，这个故事是在当下的情景里所延伸出来的，并不是让你很生硬地一开始就去拉着客户讲故事。

还有一种"利益式"开场白，每个客户都会想从产品中获得利益，因此销售员在一开始就可以打"价格战"，告诉客户这样的产品可以给他们省不少钱，刺激他们购买的欲望。比如说"王经理，您愿意在进货时节约 20 万元吗？现在您只需要付 20 元钱，就能得到 40 元的服务"。这种方式用在精明的客户身上非常合适，因为他们总想着可以占点儿"便宜"。

"利益式"开场白之后，还有一种，就是要引起客户的共鸣，你们在原则上都认可的一点，比如说："很多人认为是怎样怎样的，不知道您是怎样看的呢？"

最后一种就是悬念式开场白，每个人都有好奇心理，客户也不例外，一旦有了疑虑，都想要弄个明白。值得注意的是，悬念并不等于故弄玄虚，这个方法不能一直使用，用之前要反复练习。

不同的客户，性格不一样，需求也不一样。每一种开场白，都需要销售员反复揣摩与练习，设计属于自己不同风格的开场白，才能在实际操作过程中取得好的成绩。

知己知彼，取胜之根本

現象 除了推销，实在没话可说。

　　孙子云：知己知彼，方能百战百胜。放至如今的销售行业里来说，也是一样，要想拿下客户，就必须做到知己知彼。

　　顾名思义，知己知彼，即先了解自己，之后再了解对方。在这个环节里，少一点都不行。如果只了解对方，而不了解自己，你不可能全赢；如果只了解自己，不了解对方，那也不可能成功。只有两者都了解透彻，才能百分之百稳赢。

　　什么是"知己"？所谓知己就是你要对你卖的产品，做到百分之百的了解，每项功能特点要熟记于心。如果你是一个卖车的销售员，那你除了要对车的本身有所了解，还要对自己的品牌特点有所了解；相反，如果连你都不了解自己的产品，还有谁会来购买自己的产品呢？

　　不仅如此，还要对整个公司的脉络信息了如指掌，这些包括曾经与哪些人合作过，公司微乎其微的一点都要说得出来。因为你面对的不止一个客户，而是千千万万个客户，每个客户所询问的点都不一样。所以知识点一定要在脑海里无限扩大，才能不被别人问住。

再来说一下"知彼",这里的"彼"很显然就是客户。全面了解自己的产品之后,就要对客户的信息全盘掌握了,要想成交,就决不限于单单认识客户那么简单,必须深入了解。

我们不仅要对客户的背景(包括性格)进行了解,还要对客户的需求进行了解。在登门拜访一位客户前,销售员有必要先对客户的信息做一番调查,其中包括客户的公司规模、行业背景、公司内部组织架构以及在市场的影响力。

客户的里里外外都要摸透,光对客户的行业背景了解清楚还不够,对客户的性格也必须有一个全方位的了解。

例如有些客户是"见风使舵"(没有主见)的人,他们的思想总是喜欢变来变去,当其他人向他抛去更好的条件时,他马上就会转脸跑向下一家,对于这种客户,你要使用一些"小手段",善于用利益来留住他。

有些客户是小心眼的人,销售员跟他交谈的时候,他总是喜欢喋喋不休,爱发牢骚来宣泄自己心里的不快。对于这种客户怎么做呢?完全不必理会他的牢骚话,可以先静静听他宣泄完,然后适当地给予安慰,再谈你的终极目的。

还有些客户是思想比较保守的人,他们对一些东西,还是用传统的眼光去评价。所以与这种人交往,不要强行扭转客户的思维,如果自己有新的想法,要先跟客户沟通,不然很可能客户会跟你 Say byebye。

其次就是了解客户的心理需求,客户的需求不是销售员强加给客户的思想。这里需要销售员去挖掘客户的内心,一层层诱导他说出自己的真实需求，做到这些之后，最后才进行终结性的销售。

这里就心理需求举一则例子。

米西是一家化妆品店的老板，她长相年轻，擅长化各种妆容。某个周末，来她家店的顾客络绎不绝，当顾客犹豫要不要购买某件商品时，她都会上前亲自试妆，不管客户提出的是欧美妆还是淡妆，她都能化出来，把最好的效果展现在客户面前。很多顾客看见自己喜欢的产品，在老板娘身上化得那么漂亮，就都当即付款成交了。

知己，完全取决于自己的用心度；知彼，取决于你的了解度的多少，那怎么才能更好地做到知彼呢？

这里有三点。

第一点："心有大爱"，要喜欢客户的喜好。

众所周知，如果一个人跟你聊天聊得很好很默契的话，你是非常愿意继续跟他交流下去的，这其中大多都是因为你们有共同的价值观，以及共同的兴趣爱好。

在这里也是一样，如果你能找到客户喜欢的点一并去喜欢，就会有很多话题聊，从爱好点慢慢进行切入，会赢得客户的好感，双方聊得很投机，就给销售合作打开了一个很好的突破口。

第二点：关心客户关心的人。每个人都会对自己的亲人朋友非常关切，在与客户交谈时，可以友好且不失礼貌地询问一下对方的亲人朋友，以表示关怀，客户会觉得你是发自内心地关注他这个人，从而与你建立良好的关系。

第三点：主动解决问题。

销售员不要只知道索取，在客户遇到困难的时候，可以主动请求帮助对方，替对方解决难题，这样客户会把你对他的好，一直铭记于心，哪怕是极细小的事情。

总而言之，销售就是一场长久的战役，要想一直稳赢不输，还得先下足功夫，与自己斗，与客户斗，永不停歇。

面。因为大哥平常工作的地方，就在小涛的店面不远处，所以小涛见过大哥几次。

小涛从大哥的外表判断出来，他是个工薪阶层，他见大哥的那几次，他都是蹲在地上吃自己带来的盒饭，就更加判定他是一个非常节约的人。

大哥说要给他儿子买一部新手机，他儿子20岁，正在上大二。小涛立马把视线放在一款2000左右的智能手机上，对大哥说，这款手机能满足年轻人的需求，价格也不是很贵，您可以拿出来看看。

听完小涛的话，大哥果然很欢喜，他左瞧右瞧表示很满意。他对老板说："你真聪明啊，都不用等我开口，就知道我想要什么样式，什么价格的。"那位大哥当即就付了钱。

了解客户，也就省去了很多啰唆话，给自己和对方都节省了很多时间。从多维度去了解客户，就会带来更多的销售利益。

如果一个推销员，在拜访客户前，不做任何准备，肯定是要被客户轰出家门的，因为单从外在看，还远远不够，必须"内外"结合。

一个礼品销售员想去拜访一家大型公司的采购经理，他到了该公司，礼貌地问前台小姐："请问贵公司负责采购的陈经理在不在？"

前台小姐白了他一眼："我们这里没有姓陈的经理。"

推销员很不好意思地说："实在是抱歉，我忘记采购经理姓什么了，但我们有过几面之缘，我还记得他高高瘦瘦的，戴一副眼镜……"

前台小姐："你有什么事吗？"

推销员："是这样的，我是礼品销售员，我记得之前采购经理有意向在今年中秋订购一批礼品发放给员工和客户，所以我想找他洽谈一下。"

前台小姐："我们采购经理最近休假了，这几天都不在公司。"

推销员："那我能不能留下我的名片和资料？等采购经理回来，麻烦您再转交给他，好吗？"

前台小姐："不好意思，我们公司规定，一律不能留这些资料，我们都有专门的人对接的。"

推销员只得拿着自己的资料，原路返回了。

为什么？什么信息都没有，就只记得客户的外貌，有什么用？什么用都没有。连客户姓什么都不知道，有没有休假也不知道，什么都不知道，必定连前台那一关都过不了。

如果该推销员掌握采购经理的第一手信息，那么状况和结果自然会变得不同，更不会处在那么尴尬被动的局面。想获得客户的信息资料，有很多途径，只要销售员用心就可以做到。

真正的推销高手，会懂得客户的信息有多么重要，客户的信息，也就是自己成交的制胜法宝。

大家都知道日本顶级推销员原一平的销售能力非常好，卖的东西销量总是比其他销售员高出很多。很多人都只看到了他的这一面，他的另一面却很少有人看到。那就是原一平在拜访客户前，会想尽一切办法收集客户的有用资料。让我们来看看真正的销售高手都是怎么获得客户有用的信息的。

有一次，他在上班的路上，看见一位穿着非常高雅的男士驾驶一辆高档轿车驶出路口，原一平马上就注意到了这个人，随即他就记下了这辆车的车牌号码。

接下来怎么做？然后他跑去了当地监管部门，打探车主的信息，经过一番了解，最后得知这个人的身份是一家株式会社的社长。然后他立马查阅资料，知道了会社的具体地址。

接下来他利用下班的时间，去会社附近打探社长的信息，包括他的家庭情况以及会社的经营情况和个人爱好。

等把社长的全部信息都掌握之后，原一平这才上门拜访这位客户。结果可以预料，胜券在握的原一平自然拿下了这位客户。

三郎是一个地产销售，他在销售行业里非常用心。生活中也是一样，他不经意听到潜在客户，或他看到有可能成交的潜在客户，都会非常留意。哪怕是在路上，他听见两个人交谈，无意间透露其想买房的信息，他都会去插话，然后想尽办法，把对方的个人信息拿到手。

一次，他在等地铁的时候，听见两个年轻人在交谈，隐隐约约提到了房子的事情。他就很"好心"地上去搭讪了，但是他的搭讪方式很巧妙，一开始并不会让你知道他是卖房的。他是利用自己的专业信息，来帮客户分析现在的房市，对方的问题他无所不精。

在取得对方的信任之后，他会与客户互换名片。这样一来，客户的大致需求他有所了解，客户的初步信息他也一概掌握了。接下来的事情，就能水到渠成。

想要获得订单，就先要了解客户的信息；想要了解客户的信息，必须不厌其烦地一遍遍去打探。这样，才能在一场看似很艰难的销售中，取得胜利。

02

CHAPTER

第二章
与客户交谈的几个法则

没人教给你怎样跟客户说话，但万事总有规律，大的方向一定找准，就算你不是那么会说，客户也不会在意。如果大方向错误，即使你给客户唱台大戏，客户也会说喜欢流行歌曲。

以退为进法则

现象 你把客户逼到墙角，结果你输了。

以退为进，是指在合适的时候做出适当的妥协与让步，这里的退，不会让你丧失主动权；相反，会让"退"产生"进"的效果。销售员的适当让步，很有可能带动客户做出同样的妥协。

梅勒就经历过一场"以退为进"的销售法则。

一次他父亲过生日，他想去工艺品店挑一件精美的摆设物件送给父亲。到店里之后，他把自己的意图告诉了老板，老板很开心地为他推荐了一款"一帆风顺"的木雕船只。梅勒左看右看都没有看出工艺品的小瑕疵，每个细节都做得非常精致，他打心底认同了这件礼品。

于是他向老板询问价格，老板说这件工艺品卖 1288 元，明码标价的，价格贴在它的底部。虽然心里中意，但梅勒还是希望价格能再低一些，于是转头再次询问老板，价格能不能让一些。

　　老板回复得很干脆，他说这些都是小本生意，明码标价，且说的都是实价，利润空间不大，实在是不能再让步了……

　　梅勒一下子拿不定主意，来来回回了好几次，想着要不要去别家看看再做决定。

　　老板把梅勒的举动都看在了眼里，很真诚地对他说："这样吧，看在你一片孝心的分儿上，给你打个八八折吧，权当是友情价了。"

　　这笔生意当即就成交了，梅勒很开心地买下了这件商品。走之前还不忘夸赞老板的一片好意。

　　但这件事情还没就此结束。梅勒把礼物带回去给父亲后，父亲大大赞美了一番。梅勒母亲把梅勒拉到一旁，悄悄问他，这件礼品多少钱，因为他母亲当初也看中了这件礼品，但价格不是很合适，她就没有买。

　　梅勒实言相告。但他母亲接下来的话令他大为吃惊，她说她看中的跟他买的这款同样的工艺品，才 800 元。

　　梅勒这才知道老板运用了"以退为进"的商家销售法则，不得不再次佩服那位会做生意的老板。

　　工艺品店老板巧妙地运用了心理暗示，他的退步退得很真诚，让人也感觉到很舒适，所以他没理由不销售成功。

　　但也不是所有的"以退为进"都可以达到良好的效果。在销售的过程中，不到最后该让步的时候，绝对不要让步。工艺品店的老板，就是坚守到最后一刻，才做出了让人"舒服"的让步。毕竟让出去的都是自己的利润，即便是到了价格谈判的时候，也不要轻易就让步。

工艺品店老板"以退为进"的法则里，他有几点做得很好：第一点是，不到该让步的时候，决不让步；第二点是，他的让步幅度很小。

要知道，很多客户在砍价的时候，并不都是为了便宜，他们只是想证明一下自己砍价的能力而已，至于砍掉多少价格可能并不是很在乎，纯粹就是为了获得心理上的满足。

所以这时候的销售员，让步幅度要小，尽显真诚，还要让对方觉得你的让步是很艰难的，稍微让一点儿，最后客户都会很开心地购买。

再说一个关于"以退为进"的例子。

陈升是某品牌进口咖啡的总代理商，想寻求一位合作伙伴把华北区域的市场打开。经朋友推荐，他发现李开是合适的人选。李开不但人脉广，而且手里拥有多家咖啡馆、大型公司以及品牌酒店的资源。

但是李开这个人，很怪，很傲慢，不是别人能轻易谈下来的合作对象。陈升与他接触时，才发现确实如此。谈判过程中，李开以自我为中心，只聊自己多么厉害，完全不顾此次谈判的目的，当陈升好不容易插话进来，聊到合作事宜时，李开又完全不在意他这点儿小利润。两个小时下来，一大半时间是李开一个人在唱独角戏。

虽然李开这副态度，但陈升还是不想放弃这个比较不错的合作机会，后来他又去找过李开几次，可李开不是临时放他鸽子，就是借故有事要离开，让人很无奈。

后来一段时间陈升没有再去找过李开。

过了大概一个月，×市召开了一场大型招商会，恰巧陈升与李开都出席。但会议上，陈升一改以前的态度，对李开显得很冷淡，明明很近的距离，都没有主动上前打招呼。

陈升与同行业的陈某聊得很投机，谈笑风生，李开猜想他们可能会合作。这时在一旁的李开心里很不是滋味，他细想了往日陈升的种种行为，也思量了陈升本来的实力。

隔天，李开打电话约陈升出来面谈，但遭到了陈升的拒绝，后来他亲自登门致歉，并主动聊起了之前的合作事宜。在谈判过程中，陈升没有做任何让步，但李开还是很干脆地与他签订了代理协议合同。

很简单，陈升也是运用了"以退为进"的销售法则，当他在与对方接触的过程中，了解到对方的性格时，他利用"先退后进"的方式，给面临失败的自己打开了一个胜利的突破口。

大多时候，只要抓住好时机，灵活应变，就能扭转局面，在销售过程中，"以退为进"不失为一种高超的手段，但销售员必须了解的是，尽管是自己让步，也要保证自己对全局的了解和操控。

在谈判过程中，细细地挖掘，销售员很容易了解客户在想什么，更能知道客户想要什么。切记在交谈的过程中，不要急于否定客户的理论，该退的时候退一退，客户往往能与你站在同一角度思考问题并接受你的建议。有技巧地运用销售法则，往往能使自己的销售走上成功之路。

虚虚实实法则

现象 实话实说是一种错，谎话连篇更是不靠谱。

销售分为很多种，电话销售、门店销售、上门拜访以及网络销售，销售的目的大同小异，都是为了把对方的钱放进自己的口袋。但销售的方式却各不相同，销售方式的不同也就直接导致销售的结果大不相同。

什么是虚实法则？看过《孙子兵法》的人都会知道，就是在作战的时候取得主动权，从各个方面击溃敌人。古人的智慧延续到如今的销售中来说，也能运用。

不管是哪种销售，在销售的过程中，都需要把握好主动权，了解客户的心理需求，把自己产品的价值扩大化。

同样，在营销里，过于直白，反而不会给自己带来利益，虚虚实实，真真假假，才能打败客户，让对方把自己的钱乖乖掏给你。

打个比方。你去服饰店买一个包包，各种价位都有，2000元、1000元、500元、300元，老板向你推荐本店最贵的一款包包，2190元，你直摇头说太贵，问还有没有更便宜点儿的。

这时老板拿来一个中低价位的，628元，你心里一下子就能接受了，这就是虚实手段。先跟你虚着玩玩手段，最后才真枪实弹把包放入你的手里。

这个时候你有点儿犹豫，想着再去逛逛别家店，如果没有合适的就再回来拿这个包包。这时老板就会跑过来说，这款包包是今年比较流行的一个款式，卖得很火，且店里只有最后一个了，如果现在不买，不敢保证一会儿不会被别人买走。你听了这话，就会乖乖掏钱，把包包购入自己手中。

因为人都有这样一个心理，怕失去，买东西也是一样，怕自己心仪的东西会和自己失之交臂。

例如还有一些营销小手段，都跟以上类似，只是名称变了变，叫"涨价手段"。

比如你上周在某个品牌店买了一件物品，你昨天忽然接到了这个商场的电话，对方问你，最近还有没有购买需求，如果还有购买需求，就速来看看，现在正是××活动时期，错过这个时期，物品不但不会降价，还会涨价。

一般商家这种举动，都会吸引购买者前去，即便你心里当时并没有强烈的购买欲，但只要你去了，多少还是会买个一两件。

商家玩完"涨价手段"，又会变着法儿来一个"限购"，"只剩下几个名额"，一般有会员的客户又会老老实实地任凭商家"宰割"。

营销策略里，卖家用一些手段是很正常的，尤其在这个竞争激烈的年代，用脑的人，永远强过不用脑的人。

虚实是一种战略手段，利用好就能给自己赚来人民币和尊严。虚实法则可以运用到每一种销售里。对于电话销售而言，也是如此。

在诸多销售里，其实对比电话销售而言，其他的销售要稍微简单一些，因为电话销售不是面对面销售，拒绝率偏高，对方完全不用顾及面子，一言不合就可以直接挂掉。

所谓电话销售，其实并不是单纯的电话推销，它只不过是为预约面对面销售所做的铺垫。

很多时候，不成熟的电话销售员都会犯一些错误，比如在电话里洋洋洒洒自顾自地说很久，但最终也是落得对方"嘟嘟"的占线音。

电话销售也是要讲技巧的，电话销售并不是演讲，也不是独角戏，一定要跟客户有互动，一问一答才能起作用。

其次就是运用虚实法则，比如你跟对方讲得都差不多了，要普及产品了，这个时候也一定不要"和盘托出"。

什么意思呢？举个例子。

合浦销售宽带业务，他给潜在客户打电话，前期都铺垫好了，准备介绍产品：

"刘小姐，您现在使用的 ×× 宽带网速，是不是人多了之后使用就会显得有些卡？一年的套餐算下来，稍贵？现在我这里有一种新套餐，不但网速快，而且比原来要节省很多，我们正要前往您所在的小区派发资料，可否让我当面详细地跟您解释一下呢？"

以上来看，重点在于不要直接透露 ×× 宽带，留点儿神秘感，让客户去猜测，说得太清楚在申话里容易遭到对方拒绝。最好的做法是"虚虚实实"，只介绍优点，不具体细化，这容易获得客户的好感。

电话销售切记不要一股脑儿把所有东西讲得明明白白，一定要虚实结合，也不要在电话里进行推销，电话销售毕竟是先约面谈，再进行销售，当你能成功约到对方时，也就证明了你走出了电话销售的第一步。只有见到客户本人，才能彻底发挥自己的销售本领。

简言之，任何销售都需要技巧，需要运用，懂得运用的后面必须有足够的时间去磨炼。

"虚实"也好，"真假"也罢，掌握好底线，把握好界限，就能愉快地让对方做出令人欣喜的决定。

借势谈判法则

现象 如果你不够强大，首先要学会装得强大。

借势谈判是商业里比较重要的一招。为什么要借势呢？很简单，别人比你强，无论规模还是资源，抑或是人脉，你都处在劣势。当你想和别人合作时，奈何你处在被动地位，这就需要借势了。

但在借势谈判里，要先学会造势，再去借势，会更容易一些。

怎么造势？举一个最常见的例子。

每次某某地方房价一涨，最先知道的一定是媒体，媒体会在第一时间放出消息，房子要涨价了，于是不明所以的百姓都在质疑涨价这个问题，但几个月之后，大家都会接受涨价的事实。

然后媒体引用一些数据，最后会准确告知涨多少，老百姓都默默接受不再反驳，以上，就是媒体的造势。

借势可以有很多种，先说简单的一种。

比如你跟某某方谈合作，你把对方领到一个很气派的写字楼去洽谈，会立刻给对方带来强烈的视觉冲击，毋庸置疑，这个合作还没开场就成交了一半，剩下的，只要在谈判里尽显专业，这笔生意就没跑。

这里借的是谁的势？是你租来的写字楼。对方会觉得你实力雄厚，会很乐意成为你的合作方。

要知道，一个人的力量始终强不过众生的力量，善于挖掘其他的力量，才能令"星星之火"形成"燎原之势"。

鼎鼎有名的犹太经济学家威廉·立格逊曾说过这么一句话："一切都可以靠借的，可以借资金、借人才、借技术、借智慧。"

你可以借的，你能借的，有很多。

记得我大学毕业刚入职，进入一家杂志社工作，当时的工作职责就是通过广告把杂志销售出去。

但因为刚刚进入这个行业，我什么都不懂，没有一点儿销售的经验，更别提如何去销售了。

后来我发现我们部门的销售经理很会谈业务，只要他出手，就没有不成交的东西，于是我就私下找到他，虚心请教，问他能不能带带我。

经理看我很真诚，平常工作也很上进，便很干脆地答应了。此后只要他出去谈业务，我都会随身携带一个小笔记本，把他提问过以及回答过的重要内容记下来。

久而久之，我觉得学习得差不多了的时候，就自己单独出去谈业务了。我潜意识里模仿经理的气场，以及谈话的技巧，面对客户某些方面的刁钻提问，我也能巧妙地答出来，最后成功地把合同签到手。

我是借谁的势？首先是借的经理的势，借他的气场，借他的语言为自己所用，以达到我成交的目的。

其次是借公司的势，依靠公司的平台，公司的实力，让客户信任自己，最后放心地与自己合作。

无论是企业还是个人，只要能借助的，都要不惜一切力量去借助。

最常见的借势谈判有哪些?

1. 资源

"我们店有很多优质会员，为了更好地服务会员，我们准备对接一个高质量的咖啡馆，不知道您这边有什么优惠呢? 如果合适，我们会把这边的会员都介绍给你们。"

很简单，我有资源，我借资源的势。

2. 知名企业

"您好，今天是阿里巴巴组织的一场盛大的家电促销活动，不仅有大型演出还有当地主流卫视的报道，我们是这场活动的组织单位之一，不知道您有没有兴趣来参加? "

借知名企业的势，我背后有强大的支柱，值得你来参与这个活动。

3. 对方的竞争对手

"这一次我们的合作不同以往，为了双方的进一步发展，我们这次的合作是排他性的，就是在同一个区域，只选择一家公司为合作机构。考虑到往后客流的因素，我想问，贵公司与其他几家公司相比较的话，你们的优势在哪儿呢? "

借助对方的竞争对手，告诉他们，你不选择我，你的对手就会选择我。

以上这些借势都能顺利辅助你谈判，拿到本来渺茫的合作机会。

说到借势，我还想起一件事情。

我有一个朋友，曾经就职于一家互联网金融公司，他们公司没有实体，全凭几张嘴"吹嘘"，但也生存得不错。

怎么生存的呢？他们很会借势，如果公司某个带职务的领导出席了一次××座谈会，公司文案就会造势宣传一番，让他们的客户看见会觉得很靠谱，很高大上。

很多客户都是靠连带关系发展的，一传十，十传百，客户会推荐朋友，朋友推荐朋友，从而使客源越来越多。

例如他们跟某龙头企业签过一份合同，虽然金额不是很大，但他们也会对其他合作伙伴大肆宣传一番，让众人都知道这件事，他们就可以理所当然地借龙头企业的势。

一个人的力量是薄弱的，一家公司的力量也是薄弱的，只有借助其他人，其他公司的力量，才能轻而易举地把自己送上成功的路。

什么是借势？借势就是让自己有限的资源，做到利益最大化。

欲擒故纵法则

现象 老把自己放在猎人的位置，猎物就会远离。

不冷落，不过于热情，该"凉"的时候"凉"一下，该放的时候放一下，这是销售里的欲擒故纵法则。

什么是欲擒故纵呢？举个很简单的例子。

在门店里工作的销售员，迎来了一位客户，但是忙碌的销售员似乎没有看见客户的到来，对此"视而不见"。实际上，销售员并不是真的视而不见，而是让客户先放松戒备，等对方的戒备心完全放下来之后，销售员才走过去与客户打招呼。

这样是为了不引起客户的反感，太过热情反而会给客户造成一种无形的压力，让客户觉得销售员让自己"非买不可"。销售员在这时适当地"放"一点儿，会让客户心里轻松一些，在轻松中交谈，自然会对成交有好的作用，这就是欲擒故纵。

在销售中，很多销售员都会用到这一招，来促进自己的销售事业。

在北京一场大型咖啡展会上，一家经销商找到鹈鹕总代理商洽谈咖啡事宜，鹈鹕公司用的就是欲擒故纵法，促成了涉及金额很大的一场合作。

当时展会上的咖啡代理商非常多，想要在里面选择一家来成交，不是一件简单的事，选择始终是一件让人头痛的事情。

鹈鹕总代理商与经销商洽谈时，收起了难以遏制的兴奋，摆出一副平静的表情，跟对方说："实在是抱歉，我们这边的咖啡豆已经全部被预订完了。现在只能预订明年的了，你们看看如何？如果有必要的话，我们就来为你们安排明年的货。"

对方听完这番话之后，感到很诧异，惊呼："你们不是前段时间还在找客户吗？怎么这么快就预订完了？"鹈鹕总代理商回应道："那是前阵子啊，每一天都会有变化，那自然货也是在跟着变化的。最后一批货，刚好在前天预订完了。"

这席话说完之后，对方反而有些着急了："早就听说你们品牌不错，这下一听果然如此。那你看我们大老远赶过来，你们能先给我们拿一点儿应应急吗？"

鹈鹕总代理商假装为难，其实内心的喜悦都快要洋溢出来了，但还是故作镇定地说："看在你们是真心想合作的分儿上，应该从长远来看，那我们这边就想办法给你们凑一凑。"

最后他们达成了合作协议，不但预订了今年的，明年的也一起预订了；不，确切地说，应该是鹈鹕公司如愿地把该经销商签进了自己的公司。

以上，也是欲擒故纵。其实销售速度哪有那么快，咖啡豆怎么会一下就订购完了呢？只是让客户觉得自己家的产品卖得很好而已。故意让客户产生着急的心理，在对方着急的时候，又给出一点儿甜头，收一收，以达到自己的最终目的。

在销售的过程中，你越是着急想把产品卖给客户，你就越是卖不出去，因为客户会产生逆反心理。而欲擒故纵法刚好可以有效地解决这一难题，会使双方的局面都不会显得那么紧迫。

销售员要懂得该放的时候放，该收的时候收，这样的销售效果就要比平常好很多。

一位卖厨具的销售员，出门拜访客户，在介绍厨具的同时，他顺便展示了一番自己的厨艺。当可口的饭菜摆在客户面前时，客户伸出大拇指点赞："太好吃了，简直是人间美味，可比饭店做得好吃多了。"

销售员对客户说："并不是我厨艺有多么好，主要的功劳还是在厨具上，要是您自己动手做的话，肯定比我做得更好吃。"

销售员说完之后，一句废话也没有，起身就要告辞。客户看销售员要走，也没有"强卖"的意思，他反而问道："这套厨具多少钱呢？"

销售员说这套厨具暂时不卖，因为目前只有这一套样品，需要预订才行。客户听了马上反问："那预订多久之后才能到货呢？"销售员说他也不太清楚，现在预订的话，大概两个月应该可以拿到货。

客户说没问题，他表示现在就预付全款，等着到货就行。这时他又问，这套厨具多少钱？

销售员说 2888 元，并表示没有任何优惠。客户丝毫没有任何想还价的心理，很痛快地交了钱。

如果开头销售员说出了价格，客户未必会买，正是因为他"欲擒故纵"，即便最后说出那么高的价格，客户也能欣然接受。

再说一个关于欲擒故纵的小故事。

在一次画展上，一位画商看中了一个画家的画。画家的画每幅 300 美元，画商想让价格更低一些，并表示如果价格能低一些的话，就把画家的几幅画都买了。但是画家不同意，双方都不愿意妥协。

画商问："少一点儿吧？"画家摇头。画商再问："少一点儿吧？"画家再次摇头。僵持了 10 分钟左右，画家一怒，忽然把其中的一张画烧毁了。

画家对画商说，现在还有两幅，每幅 250 美元，少一分都不行。画商表示还是不能接受，画家暴怒，又烧掉了一幅，只剩下最后一幅了。

这时画商着急了，他说："你可别再烧了，你说这幅画多少钱？我买。"画家答道："600 美元。"画商有一种难以言喻的"痛"，但他最后只能接受，因为那是画家的最后一幅画作。

画家用的也是欲擒故纵，先"放"后"收"。对于很多客户来说，都有效。但是每一种方法里，销售员都必须真诚，包括欲擒故纵也是一样。这样的话，法则才能起到更好的作用，不然会适得其反。

发挥自己最大的优势

现象 自己很厉害的地方，一定要大说特说。

无论做人做事还是从事销售行业，都要记住一个词：扬长避短。发挥自己的长处，避开自己的短处来打动客户，达到成交的目的。

人最可贵的是了解自己，懂得自己，这点放在销售里来说很重要。如果你觉得自己的专业性强，就把自己的专业发挥到极致，如果你觉得自己做事沉稳，那就发挥自己的沉稳，如果这两点你都做不到，那就发挥自己的真诚。

杰森是一家空调电器的销售员，他专业性极强，应变能力也不错，但凡电器类的知识点，他都能回答出个一二三来，但就是这么一个业务能力强的人，反而在某天败给了一个说话都磕磕巴巴的同事。

这是为什么呢？一起来看看。

顾客 A 先生上门想买一台既省电又有利于健康的空调，这时候杰森的同事走上前来为 A 先生介绍。虽然他说话磕巴，介绍到一半的时候，脖子都红了，但是 A 先生把这些都看在了眼里，觉得杰森的同事是一个很真诚且值得信赖的人，都没等他介绍完，就直接成交了。

临走时 A 先生还直夸杰森的同事，说他人不仅真诚还很热情，比那些油嘴滑舌的人好多了，下次如果还需要电器的话，会再来找他。

远在一旁的杰森把这些都看在了眼里，心里虽然不是滋味，但也没表现出来。他为什么心里会不舒服呢？因为他从业几年，从来没有顾客当面夸过他。

而且他的同事专业性不及他的一半，一些空调的型号可能都记不住，销售里的谈判技巧就更不用说了，几乎为零。可偏偏就是这么一个人，却赢得了客户的赞美。

其实并不奇怪，虽然杰森的同事什么都不懂，但他偏偏懂得一条：扬长避短。很显然，杰森的同事，把自己的缺点全部掩盖住了，只发挥了自己的长处，足够憨厚、足够真诚。

如果杰森同事在专业性不强的情况下，还油嘴滑舌，卖弄花招，他肯定会遭到客户厌烦的，更别说买他的产品了。

其实从上面的分析来看的话，杰森更占优势，但是虽然他专业能力强，却只懂得利用自己的技巧来进行销售，没有反思有些招数在客户面前根本行不通，少了一些真诚和友好的态度。很多时候，客户会不会买东西，都是销售员的态度决定的。

发挥自己的优势，扬长避短，是销售里对付客户最好的招数之一。

现在，你就知道为什么乔·吉拉德能成为世界上最伟大的推销员，除了他热情真诚地为客户服务，他还能把自己的优势发挥到极致。

每个人生来不同，所占据的优势自然也不一样，作为一名销售员，不要刻意担心自己的缺点会暴露在客户面前，尽管把自己的思想，集中在自己的优势上就好了。

一个销售员如果不懂得自己的优势在哪儿，那他是无法做好销售工作的。只有在销售工作开展前，充分挖掘并设计一套对自己最有用的销售方法，才能在销售的道路上走远走久。

你也不用刻意模仿别人的销售方法，每个人的天赋各不一样，正所谓你无法教会黄牛唱歌，也无法教会狮子游泳。兔子会跑，猴子会上树，人也和动物一样，各有千秋。

销售里有很多类型不一的人，他们有很多不一样的特点，有的是取悦型，有的是思维型，有的是行动型，有的是沟通型……

简单说几种。

取悦型是哪种类型的人？

他们最会察言观色，善于分析人的特点，善于交谈，在生人面前不会遮遮掩掩，会挖掘对方的兴趣爱好，与对方建立良好的关系，从而把对方争取过来。

什么是思维型的人呢？

他们善于思考，思维漫无边际，善于发现问题，解决问题，善于总结经验，这样的人，在销售领域里也是很吃香的。

什么是行动型的人呢？

他们行动力极强，今天的事情决不拖延到明天去做，也许他们不太擅长分析，但他们有足够的行动力，只要确定了任务，他们就会立马采取行动。因为在他们看来，没有行动，就没有成交，只有行动，才能让人取得业绩。

沟通型的人是怎样的呢？

这类人很喜欢与人沟通，不喜欢有事藏着掖着，有些话题看起来虽然很无趣，但话只要一经过他们的嘴巴，立马就能活起来，变得有趣起来。他们会通过言语来激发对方的兴趣。

以上等等只是各种不同类型销售人员的一小部分，最主要的是，要看看自己是哪种类型的人，具有怎样的优势，搞清楚这些后，才能在销售过程中如鱼得水，一举把对方拿下。

学习是最好的手段

现象 **任何事物都在创新，你也不该不学习。**

万变不离其宗，不管你怀揣多少种手段进行销售，它始终离不开最根本的两个字：学习。

不管是从事哪个行业，只有认真钻研，努力学习，才能让人走得远爬得高。在当今社会，没有任何捷径可以让一个人随随便便取得成功。

在销售行业也是一样，要想东西卖得好，必须先下一番功夫去学习里面的门道。

Mick 是一家小众奢侈品品牌的导购员，从事销售行业不久，对店内的产品知识也不是很了解。但她身上有一个优点，就是非常乐于学习。她不但积极参加公司里举办的新人培训会，还会在其他时间钻研产品知识。例如同事在一旁为客户讲解时，她也总是会留心把同事说过的要点记下来，回去之后反复琢磨。

三个月之后，她比那些来了两年的老员工还要熟门熟路。她对店内的每一款包包都了如指掌，比如别人只懂得皮毛知识，比如包包产自哪里，是什么材质做的，但她能把别人不懂的都说出来，甚至能给每个包包说出一个背后的故事。

不仅如此，她还学习了心理学和公关学，在销售过程中，总是能给客户带来不一样的体验，因此她的业绩总是要比其他同事好很多。

善于学习，善于发现，把眼睛练得毒辣，用知识喂饱肚子，你就可以成为销售行业里的传奇人物。

很多销售员一开始进入销售行业，所琢磨的不是怎么去学习好行业知识，而是想着靠耍小聪明来赢得客户。那些人没有真本事，"金玉其外，败絮其中"，油嘴滑舌，拍着客户的马屁，最后被客户的火眼金睛看破，一脚给踢出十万八千里远。

"快美"公司销售部小张，就是这么一个人，他进入公司半年，来的时间并不短，比很多新人都早，但业绩永远是最差的那一个。

这是为什么？因为他太懒，只想钻空子。他每天不反思自己，也不好好学习专业知识，以为靠投机取巧就能把客户骗到手。每次出门拜访客户，他都会把自己精心打扮一番，头发抹得油亮，说要给客户一个好印象。但他不知道，外表固然重要，没有内在，别人始终不会给他机会的。

"快美"公司一般都是半年考核一次大的业绩，销售部经理看到小张的业绩之后，直摇头，把小张叫去谈话，大家都以为小张这次肯定要卷铺盖走人了。在经理办公室谈了差不多两个小时，小张没走，留下来了，只是他平常那种"不知天高地厚"的样子不见了。

经理在后来的会议上，解释了那次的事情，他说小张虽然有种种不是，不脚踏实地，不勤奋好学，但他有一个优点，他其实很聪明，这次把他留下的原因很简单，就是给他一次改过的机会，如果下次业绩他能超越 1 组，就把他留下来。

那次之后，小张似乎开始觉悟了，就像是变了一个人，收起了那副"玩世不恭"的样子，主动向前辈请教问题，熟记了公司产品后，会一个人找个角落练习台词。不仅如此，他还把所学到的东西，进行系统性的总结，对于每款产品，他都能给出很中肯的评价。

经过系统训练和实战，再加上他平常的那股聪明劲儿，他的业绩大大提高，三个月下来，成了公司的金牌销售。

表彰会议上，小张只说了一句话："虚心学习，能成就一切。"好的成绩，后面必定是一份苦心经营。小张后来的成功，跟他的潜心学习和磨炼有关。

对于一名销售员来说，学习应永远摆在第一位，没有任何借口，没有任何理由阻挡你学习的步伐。

为什么中国香港首富李嘉诚销售那么成功？因为他注重学习。

知道他是怎么熬过来的吗？他做销售的那些日子，每天工作 16 小时以上，有的时候甚至一天 20 小时。20 小时是什么概念呢？一日三餐外加上厕所和睡觉，一共也就 4 小时。

他很好学，生活中他会很虚心地向老前辈请教问题，遇见什么新鲜事都会马上记录下来，他甚至把整个香港的区域都划分下来，把每个区域的百姓的生活情况和市场情况记录得清清楚楚。

他推销产品从来不靠高谈阔论，他只注重市场和居民对产品的使用情况。潜台词也就是说，如果不懂得市场与居民之间的关系，不下功夫去研究一番，他就不会取得那么大的成绩。

他的成功，和好学是分不开的。虽然学习不一定会让你成为销售行业里的翘楚，但不学习，肯定会被淘汰。

如果你才入销售行业，你首先要练习的就是学习，把自己锤炼成这个领域的专家，掌握行业相关的所有脉络信息，做到能将产品的特点脱口而出。然后，你再去掌握其他的谈判技巧，会让你事半功倍，在销售这条路上永远不会被淘汰。

当心你的"小动作"

现象 *如果不注意，那么你就是典型的口是心非。*

　　肢体语言在客户面前很重要，但肢体语言通常是无意识的，有时候你得罪了客户，还不知道是怎么得罪的。

　　一位销售员在销售的过程中，非常激动地与客户交谈，但嘴里的唾沫星子无意识地溅到客户的脸上，当即客户就拉下了脸，扬长而去……

　　另外一位销售员，总是喜欢与客户交谈时把双手插入口袋。其实他不知道，当他把双手放进口袋时，也就意味着此次洽谈到此为止，不会再有后续的可能性。

　　这种不礼貌行为，虽然是无意识的，但在与客户交谈过程中，要格外注意，才能避免囧事的发生，也避免损失一个潜在客户。

　　虽然身体的动作很细微，但销售员要时刻留神。比如在销售的过程中，口头禅太多，就会显得自己很不专业。一定要避免讲粗话，哪怕是不经意的。每一场谈判下来，都要回忆自己说过的每一句话，甚至可以打开手机的录音功能，重复一遍白天说过的话，仔细多听几遍，就能挑出自己语言里的毛病，并竭力去改正它，不犯第二次错误。

类似的不雅的小动作还有很多，例如咬唇、扬眉、挤眼、抖腿、挠头皮等，再比如双手环抱于胸前，都是极其不礼貌的动作，显得人很轻浮，能直接导致你的谈判失败。

以上这些都是销售行业里不能出现的小动作，那么有没有能让谈判更顺利的小动作呢？当然有。

所有的客户都不喜欢销售员一副愁眉苦脸的样子，他们更喜欢看上去阳光健谈的销售员，那么在这一点上，销售员就要通过自己的肢体语言，给对方传递一种健康的正能量。

怎么传递？比如在跟对方交流的时候，眼睛不要左右飘来飘去，要直视对方，如果觉得直接看着客户的双眼会不好意思，那么可以把眼神落到客户的鼻子上，让客户感觉你很尊重他。且你的目光在交流的时候，直视对方，也会让自己显得自信，有底气，客户也会在潜意识里认可你。

与客户双方都呈站立姿势交谈的时候，一定要挺胸站直，不然会呈现出一副懒散的样子，传递出一种不专业不敬业的态度，很容易被直接 pass 掉。若是觉得自己站姿不是很标准，平常可以在家里对着镜子多加练习，强迫自己练习站，逐步养成一种良好习惯，慢慢改正过来。

除此之外，其实走路也是一门学问。有些人可能是性格问题，性格在生活中不是很开朗乐观，连走起路来，也是小碎步，慢慢吞吞。

在销售时千万不要这样走路，要学会大步流星走，正所谓

"走路带风，抬头有光"，这样会传递出一种威严感。我们见过多家公司的高层领导，他们在重要的会议上，走下台时，都是大步流星的，没有一点点畏畏缩缩的样子，学会走路，会给你自身增添不少光芒。

所有的动作里，微笑也是很重要的，世界上没有一个人会"打"笑脸人，不管何时，都要始终面带微笑，让客户觉得你友好，亲和力强，愿意跟你接触。

与客户握手的时候，双手要充满力度，你的力度传递给对方之后，对方马上能从你的手上感觉出你的态度。握手的时候要有力，且沉稳，不要毛躁地握手，增加客户对你的好感。

交谈的时候，不要全程没有肢体接触，可以在适当的时候轻轻拍拍对方的肩膀，拉近彼此间的距离。但是要注意，这种方法只适用于自己的同辈，不适宜于长辈，不然会被人误会成不礼貌。

再者就是，谈话时要声音洪亮，说话不要连自己都听不见，显得很没底气。有些销售员说话的时候，声音小得可怜，还要让客户问好几遍，这样的结果可想而知，不可能成功，只会失败。如果自己想在销售这一行业里干下去，就必须改掉自己羞答答的性格，可以在无人的操场上，或对着镜子，大声地说话，自言自语不可怕，可怕的是总张不开口，或者可以找来自己的同伴一起练习，组织一套销售语言，把同事当成客户，一遍遍去练习，直到能大声说出话为止。

在彼此交流时，可以把身子稍稍倾斜，这样做的目的，就是让客户觉得你在认真听他讲话。

　　最后一点就是一定要仪表整洁，不要奇装异服，让人看上去清爽简洁，给人展现出一个专业的形象。一个人仪表端庄，再加上那些有力的动作，会说专业的术语，真诚的态度，一定能在销售业里稳步前行。

　　当然，这些动作不是一朝一夕就能练就的，是经过无数的观察总结与练习才能做到的。漫漫销售长路，只有不断总结不断提高，才能把自己变得更强更好。要记住，销售里除了说得好，也要做得好，时刻留心自己的"小动作"。

多倾听有助于销售

现象 先听后说，说不到位很尴尬。

生活中不少销售人员，只顾及产品的推销，不顾及客户的感受，对方说的话左耳进，右耳出。或不断地打断客户的话，自顾自地发表意见。其实这些在销售行业里都是不应该出现的，要知道只有当客户不停地说的时候，销售员才有销售机会，所以应该善于倾听客户的话，从中找出"破绽"。

与客户谈话时，不要打断客户的谈话，因为你不知道从哪一句话可以捕获有用的信息，即便客户说得再久，也要耐心听完，再发表意见。

可奇是一家大型甜点店的销售顾问，前来找她买商品的人非常多，从她对待客户的态度里，不难发现她是一个非常有耐心的销售员。

每次接待客户的时候，不管对方采购的东西多，还是少，她都一视同仁地对待，并且非常热情地帮客户寻找他们想要的种类。

一次，她接待了一个50多岁的阿姨，这位阿姨话非常多，跟她东拉西扯，聊的都是一些无关紧要的事情，但可奇也没因为这些而冷落客户，她始终面带微笑，回复客户那些不痛不痒的问题。

足足闲扯了半个小时，阿姨才步入"正轨"，后来她采购了非常多的东西，不仅如此，她们公司每周的下午茶，都会点可奇的公司制作派送，这对于可奇来说是一个非常大的单子。

可想而知，可奇给了客户足够的亲切感与信任感，而且，她的态度让客户觉得她受到了不一样的尊重，这笔单子成交也是自然的事情。

还有一次，可奇的一位同事曼莉莎跑过来对她说，希望可奇可以接待一位客户。原因是曼莉莎觉得她那位客户胡搅蛮缠，她应付不过来，希望可奇可以帮帮她。

可奇很痛快地答应了，同事所说的客户胡搅蛮缠到底是怎么回事呢？其实不过是因为这位客户是个"话痨"，曼莉莎给他介绍产品时，客户觉得这个不行、那个不行。这时，曼莉莎就失去耐心了，把他"推"到了可奇这里。

可奇接待了这位客户之后，依旧非常耐心，先是认真倾听客户的抱怨，然后再从抱怨里找出他的需求，最后可奇才开始说话，替客户解决他的需求。这期间，可奇没有露出丝毫不耐烦的态度，反而非常诚恳地面对客户，把所有的耐心都倾注在客户身上。

最后交易成功了，客户非常满意地离开，临走前一直夸赞可奇，说像她这么好的销售员应该去更大的平台发展才是。

很显然，一个好的销售员，一定要善于倾听，倾听力就等于销售力，你有多大的耐心，你的销售业绩也就会有多大。客户抱怨得再多，销售员也不能有任何怨言。

换言之，如果把自己放在客户的位置上，你说很多话，对方一副不屑的样子，谁会受得了呢？

其实在生活中，想必大家都会遇见这样的问题，例如你去一家服装店，看到一件还不错的衣服，于是左看右看，左问右问，可销售员一副爱买不买的模样对待你，你看到这种情况，哪怕是自己再怎么喜欢那件衣服，都会放下出门往下一家走去。

所以倾听与沟通非常重要，没有这两点，就不会做成一笔成交的单。

销售员在与客户交谈，充当倾听者角色的时候，也不要一直沉默不语，可以找到客户的空隙，回答："是。"给予赞同与肯定，让客户知道你是在认真听他讲话，而不是随便在敷衍他。

大志是一个销售职场新人，每次出去与客户谈判，极少有成功的，自此他觉得自己不太适合销售行业。

原因是什么呢？就是大志觉得销售就是要"口若悬河"，结果每次面对客户，他都叽叽歪歪说一大堆，最后客户走了，就剩下他自己一个人在那里自言自语。

每场谈判，他都沉浸在自己的发言里，完全忽视了客户的感受，每次客户好不容易插句话进来，他都要生生地给切断，完全不给客户发言的机会。所以两个月下来，他的销售业绩几乎为零。

有次他约见了一位客户，恰巧那位客户也很能说，他们俩谁也不让谁。话里夹话，话里赶话。弄得场面很尴尬。最后是大志赢了，他成功插上了话，但单子丢了。客户最后说，都不知道是你卖我产品，还是我卖你产品了。

像大志这样，确实是不太懂得如何做销售，销售是善于总结自己的错误，总结完了之后下次就不会再犯同样的错误。

都不尊重客户，自己说那么多话，有什么意义呢？一场交谈下来，客户的话才是最重要的，销售员只是起到"配角"的作用，去配合客户的演说，在适当的时候给出对方信号，就足够了，其他的废话，一句不能有。

交谈的过程中，不能反驳客户的观点，不要去激怒他们。即便他们说的你多么不赞同，也不要表现出来，只管倾听，从客户言语中捕捉到有效信息，再进行反馈，如此就能轻松地成交一笔生意。

喜欢买的东西跟满大街的人"撞"在一起。

如果销售员把自己本来很平凡的东西，包装得非常高大上，对客户说："我们的东西只是提供给少数的会员。"这就会成功勾起客户的购买欲，客户购买的概率就要更大一些。

至于"保证"也是一个非常有效的词，尤其是现在琳琅满目的商品，客户实在是难以辨别真假。如果销售员能抛出"保证"这一词，客户的注意力马上就会跟上来。当然，前提是自己的产品必须是货真价实的，不然这个词说出去之后只会啪啪打销售员自己的脸。

对于客户来说"使用简单"简直就是"懒人们"的福音，因为很多客户平常工作中非常忙碌，实在是没有别的工夫去研究复杂的产品。这时候如果销售员说这款产品很好操作的话，相信很多客户会考虑此款产品。

"竞争对手"如何运用呢？如果你在与客户谈话中，体现对方的竞争对手："我们刚刚跟某某公司合作过，我觉得他们……"这样的话，客户的关注点会马上集中在你下面的谈话内容里。

除了一些词语，也可以用一些其他小技巧，第一个技巧便是提问式方法。

用提问式来引起客户的关注，如果第一次提问不行，可以运用"连环式提问"。如："您希望能降低百分之多少呢？""您不觉得这款比那款看上去要好一些吗？"再比如："您觉得这是什么原因造成的呢？""那您是因为油耗太高，才不买的吗？"你发出问题之后，客户一般都会回答，只要回答就能把对方渐渐引入营销谈判里来。

还有就是"演示法"，根据客户的需求，结合产品本身的卖点，对产品进行展示，让客户能一目了然地看到产品的优点。当客户看到这款产品性能确实不错后，他就会有想要签单的心理。

再有就是"求教法"，什么是求教法呢？虚心请教客户问题，让客户在回答问题的同时，会觉得受到了尊重，而同时你也可以在不知不觉中，把他带入到销售的环节里来。

接着就是比较权威的"调查法"，调查法比较具有说服力。销售员可以根据以前的销量和客户的评价，给出比较直观的数据，最后给出合理的分析，让客户觉得你非常专业。

销售员要先足够了解客户，才能引起客户的关注。如果是门店销售，那么就要通过一言一行来判断他是个怎样性格的人，然后再渐渐抛出中心词来引起对方关注。

如果是上门拜访，就要做好对客户的全面了解。比如你要拜访的是一位已经连续忙碌了一个月的老板，他已经非常疲惫，那么对他来说，一场愉快的旅行就会是他最大的关注点。如果你要拜访的是一位拿着微薄薪水的工人，那么他可能关心的，就是怎么用最少的钱才能拿到最好的东西。

总之，销售员要找准客户的需求，然后给出足够"诱人"的点，这样，成功率几乎会达到百分之九十九点九。

一场销售下来，你给客户的"诱饵"有多大，与客户的成交率就会有多大。总而言之，不管销售员怎么引导客户来关注，最后都要以提问式来结束自己的开场白，不然接下去的工作都会显得比较被动，或者陷入僵局。

如何找到双方的平衡点

现象 不知道为什么，客户总感觉到气氛不对。

任何事物一旦找不到平衡点，整场活动与交易都很难成功。很多客户的需求过"多"，导致很多销售员的销售业务无法顺利进行。只有寻找到双方的平衡点，才能把业务继续下去。

什么叫过多呢？其实也可以称之为过度需求。那什么是客户的过度需求？很简单，打个比方。例如一个乞丐三天没有吃饭，正处在极度饥饿的状态，这时他一口气吃了五个包子，吃得刚刚好，肚子不饿也不撑，但如果非让他吃八个包子，反而会让他吃得反胃，对身体也没好处，如果对方一定要这八个包子，那就是过度需求。

要在客户的过度需求里找到平衡点，才能既保证客户的利益，同时也能保证公司的利益。

其实这样的过度需求在生活中也很常见，客户总是会提出这样那样的要求。比如客户向某烟酒公司订购 20 箱啤酒，但客户总是跟烟酒公司老板软磨硬泡，说自己是老客户，要求多送一箱啤酒。话虽如此，老板要是经不住客户的请求，答应了客户的要求，那以后的客户就会效仿，提出同样的要求，你能不能都满足？如果都满足的话，是不是就损失了自己的利益？

再比如，拿烟草企业来说，客户买50条卷烟，按照规定可以赠送一个烟箱，但后来客户又提出要求，说再多送一个烟箱，否则就不在你们这里拿货，怎么办呢？同意的话会损失公司的利益，不同意就会失去眼前这位客户。

要处理好这个问题，销售员必须站在客户的立场上，去换位思考，要去分析客户的目的是什么，并且找出过度需求的原因，找准原因之后，或许可以满足对方的要求。如果满足不了，就一定要诚实地去与对方沟通，并让客户也站在销售员的立场上进行换位思考，这样下来，就能保证好双方的利益，并且愉快地进行合作。要让客户理解自己的难处，同时也听取客户的意见，找一个折中的办法解决这件事。

以上就是过度需求给销售员带来的困扰，再接着往下看，除了过度需求，销售员也要学会平衡企业与客户之间"不过度"的平衡关系。

举个例子。

小王是一家家电公司的业务员，目前他遇到了一个很棘手的问题。那就是公司与客户之间的利益产生了冲突，客户购买公司的家电出现了一点儿问题，但公司一直没有出面解决这件事情，一直在违背承诺，让小王在客户面前一直抬不起头来。某些产品的维修期是三个月，客户一再催促，但公司没反应，小王建议换新的产品给客户，但公司严词拒绝，拒绝的理由就是还可以再等等。

小王觉得很头疼，一边是客户，一边是公司，他觉得客户说得很在理，但公司也有自己的难处，小王一时不能很好地平衡这个问题。

就这个情况来看，其实是小王对自己的产品不够熟悉。为什么这么说呢？因为如果他对产品的制作流程与工期都很了解的话，就可以问客户维修的时限是多长，要是需要维修半个月的话，就要提前与厂家沟通，了解维修的时长是多久。如果他懂得这些技术层面上的东西，就可以告诉客户具体原因，是因为什么情况导致机器的维修时间延长，认真解释之后，一般客户都能给予理解。

再比如说，你在网上买了一件衣服，但收到货之后发现衣服与图片上的完全不一样，存在严重的色差，不是你想要的那个颜色，于是你找到商家想要进行退货。

如果商家对你的要求置之不理，你就会更恼怒，甚至投诉他们。但商家要是出面跟你好好协商，他们在事情发生第一时间就承认错误，并承诺退款，这时你的心情就会好很多。再接下来他们马上发来另外一个链接，说这个款式和颜色应该是符合你的要求的，并且价钱也差不多，如果你觉得喜欢的话，可以拍下这件，把原来那件寄回去。

这样处理的话，就平衡了与你也就是消费者的关系，你会想到，对方态度还不错，在努力解决问题，这个款式看起来确实也不错，就重新拍了下来。

这就是客户与卖家之间的平衡。若是重新退回，一来一去的，商家要损失运费，顾客的好心情也会受到影响。重新购买一件的话，客户的利益也受到了保障，卖家也不至于赔得太多。

销售时要懂得使双方都在一个平衡的关系内，过度需求也好，不过度也好，只有双方都平衡了，才能好好成交一笔生意。

在销售的过程中，销售员要找出真正的原因，平衡好双方的利益，才能让客户与公司之间的关系更长久。在公司与客户之间，销售员也要能够找到平衡点，在不损害公司利益的同时，也能解决客户遇到的问题。

如何引出客户的需求

现象 **客户有时不会说真话。**

客户的需求，对于销售员来说是一等重要的，盲目推销会直接导致客户流失，正如医生不了解病人的需求情况就开药，会直接闹出人命。在销售中也是一样，虽然不会闹出人命，但一定会失去一笔订单。

那如何才能引出客户的需求呢？可以通过话语把客户真正的需求层层挖掘出来并让对方接受你。

举个例子。

王先生前去售楼中心，准备买一套婚房，经纪人小李负责接待。

小李："您好，王先生，请问您之前有没有在别的售楼中心看过房子呢？"

王先生："并没有。"

小李："如果我没记错的话，王先生您此次购买，主要是作为结婚所用的婚房（再次确认购买需求，寻找更多有效信息），首先恭喜您哪。如果是婚房的话，想问一下王先生婚期是什么时

候呢？"（祝福式的对话只是为了探询客户的急迫程度）

王先生："大概是七夕情人节，还有不到五个月的时间。"

小李："那这样算下来的话，时间还是非常紧张的。为了能够节省您的时间，我决定从今天起，专门为您一个人服务，带您多看些房源，让您有个更好的选择。我现在手里就有符合您需求的房源，要不要现在带您过去看一下？"（确定客户需求，从为客户着想的角度出发）

引出客户的需求需要战略，每句话背后，是销售员给客户设下的"圈套"，让客户最终落入自己的"圈套"里。每一句话都要经过深思熟虑，才能说给客户听。

还有一种可以引出客户需求的方法叫"假设"。

说这个例子之前，先问一个问题：一个刚毕业身上又没积蓄的年轻人，可以成为保险销售员的准客户吗？答案是，可以，因为人人都需要保险。保险销售员可以用假设引出他的需求。

比如刘旭是一个保险销售员，他向刚刚毕业没多久的年轻人大瑞推销保险。大瑞没有女友，短期内更没有结婚的打算，也不需要赡养父母。根据他的情况，他没必要买人寿保险。但大瑞碰上了精明的保险销售员，不想买也得买了。

刘旭是怎么展开话题的呢？请看以下对话。

刘旭："其实像您这种情况，作为一个保险专家来看的话，您是不必要买保险的，不过我有一个问题想要问您，您以后会结婚吗？"

大瑞："我现在还很年轻，没想过结婚的事，不过三五年之后应该会结婚的吧。"

刘旭："没有关系，即便您结婚之后，也还是不需要任何保险的。退一万步来说，就算您不小心发生了意外事故，都还有您的太太在。太太依然年轻，她可以工作来负担这个家庭，或者她也可以选择再婚。这么看来，您在这样的时间段里，也是不需要投保的。不过还有一个问题，您以后会考虑生孩子吗？"

大瑞："那当然啦，孩子是必须要生的，至于一个还是两个，看自己的财务稳定性再做决定。"

刘旭："其他时间段您都可以不需要保险，但我想诚恳地给您一个建议，从您太太怀孕的那一刻开始，您就需要保险了，为什么呢？因为按人寿保险的原则来看，首先是职业，您的职业并不是危险类的职业，这个不成问题，其次就是健康，您非常年轻，也没有任何疾病，也没有问题。但是您刚刚说结婚起码要三五年之后，假设三年后结婚生子，那之后就不好说了，即便几年之后您的身体还非常健康，但我们不得不考虑一下年纪问题。因为年纪越大，所交的保险费用就越高。"

大瑞："这急什么呀，以后的事情以后再说呗，现在想那么多干啥，老婆没有，孩子也没有。"

刘旭："这您就想错了，您越早买对您只有好处没有坏处，您想一想，如果三年后，您太太怀孕，到那个时候您要准备买保险的话，要比现在高出将近百分之十的费用，您仔细想想，怎么才划算？省下来的那笔钱，可以做很多事情了。"

大瑞："这么说来也是，反正迟早都要买，那我还是买了算了，看你也分析得不错……"

毋庸置疑，刘旭很成功地拿下了这单，如果他一上去就喋喋不休地强买强卖，那铁定会遭遇客户的冷脸。他之所以销售成功，正是因为他一步步在替客户解决真正的需求，站在客户的立场上思考问题，想不成交都难。

当初广为流传的老太太买水果事件，聪明的店老板也正是一步步引导客户的心理需求，才让老太太买下多种水果的，道理都是一样的，就看销售员如何把握好。

在如何引出客户需求这一点上，除了通过话语引导，还要学会让客户主动说出需求，要学会用"危机感"来刺激客户的购买欲。

当然，在需求里面，还要划分好几层，这里客户的需求分为刚性需求、人性需求、伪需求和次级需求四种类型。

最好懂的就是人性的需求，即人的内心欲望，永远都得不到满足的内心和更高的欲望。

那什么是刚性需求呢？刚性需求就是人的生老病死、衣食住行，是最基本的需求也是最有必要的需求。

接着就是伪需求，这个也很好理解，就是不太合理的需求。

最后一个便是次级需求，它是藏在人性后的一个需求，也可以把它解读为功能性需求。

不管是哪种需求，都是有必要去了解透彻的，从宏观到微观，先了解客户的业务全貌，再从粗到细深入挖掘，只有引出客户的需求，销售员才能继续后面的销售工作。

如何唤醒客户的好奇心

现象 你在自嗨，客户却很诧异。

任何人都会对某种事物的发生或存在，有一种好奇心理，包括客户也一样。在销售中，如果一开始你无法与客户顺利畅谈，那这个时候你要变一种策略，激发起对方的好奇心，谈一些对方感兴趣的事，对方才有可能愿意与你交谈下去。

Joe 是美国的一家电脑公司销售员，他也是整个公司最厉害的金牌销售，他每月可以向外销售出 330 台电脑，什么概念呢？也就是说他差不多平均每天要卖出 11 台电脑。这么厉害的销售业绩，是如何做到的？

有一次，一位客户来到了电脑展示厅，Joe 很热情地上去接待了这位客户，在没有正式切入主题时，Joe 微笑着对客户说："您知道吗？我有一项特殊技能，就是我一眼能看出每个人的职业来。"那位本来一直沉默的客户忽然大笑起来："是吗？那你猜猜看我是什么职业。"

Joe 再次微笑道："我猜您是一名医生。"要知道医生在美国是非常受尊敬也非常吃香的职业，即便 Joe 说错了，客户也不会不开心的，反而会高兴。

其实那位客户并不是医生，她很友好地告诉 Joe，自己只是一家甜品店的老板，做甜品有 10 多年了。

Joe 听到之后很真诚地说："噢，甜品店实在是太棒了，我太太就非常喜欢吃甜品。她总是对我说，非常崇拜那些会做各种花样甜点的人，他们简直拥有世界上最灵巧的双手，才能做出如此美味的蛋糕和点心，真想当面看看他们是怎么做出来的。"

客户听后很开心，因为她觉得 Joe 说得很真诚，被他的热情所感染。于是他们就甜点这一问题讨论了 10 多分钟，客户还对 Joe 说："如果你太太很喜欢糕点的话，我可以邀请她前来我们店参观。"

一个小时下来，这位客户不但买了电脑，还主动与 Joe 交换了电话号码，邀请他们夫妻一起去店里参观。

很显然，当客户愿意与你交谈时，你便开启了销售的第一步，后面你要做的便是引导客户进入你真正的主题，在与客户的谈话里，慢慢探索出他的真正需求。你们的谈话，一问一答是很重要的，这样你会知道对方的需求，对方也会知道产品的具体信息。

但也不是所有客户都是开朗性格的人，有些客户是那种看上去很"冷淡"的人，不喜欢说话表露自己的心迹。但作为一个销售员，要知道再怎么沉默的人，他还是会开口说话的，只要来店，就必有需求。碰见这种类型的人，首先需要销售员去唤醒客户的好奇心，唤起他的兴趣，以此来展开话题。

当然，把这些落到实际当中去会有些难度，销售员与客户之间的交谈也并非这么简单。所以这要靠销售员平常的积累和训练，才能巧妙地勾起客户的兴趣并且不让对方产生反感。

这里，还有一个很典型的例子。

乐乐是一家英语机构的销售顾问，她的销售对象是想学习英语的青少年，一对一辅导，收费还算合理。

某天她在商场购物，去卫生间时碰见一个自言自语的中年女士，由于距离远听不见说什么，当乐乐走近时，她才知道她说的是英文，应该是在背某段英文。

乐乐觉得她应该是一个非常用功的人，于是上前用英文跟她打招呼。那女士先是愣了一下，然后马上对答起来，两人用英文差不多交流了五分钟。

虽然是一些日常会话，但乐乐的举动引起了那位女士的兴趣，便主动与乐乐交流了起来。

于是乐乐很大方地介绍了自己，并提到了自己是一家英语机构的销售顾问，一般人听见"销售"这两字后，可能会掉头就走。但那位女士丝毫没有想要"逃离"，反而聊了更多。

通过聊天乐乐得知，其实并不是女士自己而是她 15 岁的孩子要学习英语。女士说找不到一家合适的英语机构，所以自己充当了英语老师的角色，没事自己也顺便学习学习……

乐乐很成功地直接引起了女士的好奇心，她们聊下去只会越来越投机，而且还是顾客主动去询问的，那位女士购买产品肯定是自然的了。

除了以上的这些，销售员还可以通过提问来激起客户的兴趣，比如说："我能请教您一些问题吗？"因为人除了有好奇心，他们也有好为人师的一面，一般都很乐意解答，销售员便可以通过此种方法展开话题。

还有一点，就是销售员可以利用"从众心理"。什么是从众心理？举例说明。比如一位客户来到店里咨询某样产品，销售员对他说："说句真心话，刘先生，这款产品是我们店里卖得最好的产品，大家都非常认可这款产品，从来没有接到过任何的不良反映与投诉。"这段话，足可以吸引顾客继续与销售员交谈下去。

销售员只要在原有的语言基础上，利用一些小技巧，就能唤起客户的好奇心，迈出成功的第一步。

如何处理客户的抱怨

现象 **不停地唠叨，直到丧失信心。**

对于销售员来说，客户就是上帝，面对上帝，你就得连对方的抱怨一并包容了，并且不能任客户暗自不爽，你要第一时间去处理他的不爽。千万不要因为自己当时的心情欠佳或其他原因，就不理会客户的抱怨，不然会引起很多麻烦。

叮当是一名家具售货员，这天她接待了一位年轻的顾客王小姐。王小姐的新房装修完毕，来这里购置一些心仪的家具，准备过些日子办乔迁酒。她看中了一款柚木色餐桌和一款浅棕色皮质沙发，但是售货员叮当告诉她，目前这两款都没有货，叮当让她看好尺寸之后先预订，到时间他们再送货上门。

王小姐："那现在预订，半个月之后可以到货吗？"

叮当："可以的，不过您要先交百分之三十预付款。"

王小姐当即就支付订金了。

但到约定那一天，家具公司迟迟没有送货上门，王小姐正准备打电话过去问问是怎么回事，家具公司的电话就进来了，是售货员叮当打来的。

叮当告诉王小姐，厂家没有如约发货，因为这几款家具卖得很好，他们正在加紧制作，所以暂时还不能送货。王小姐听到这句话之后就不淡定了，她在电话里把声音提得很高，气急败坏地说："你们怎么能这样呢？我交钱的时候交得干脆，你们给货的时候倒是一点儿都不干脆了，当初不是说好今天一定会到货吗？结果到不了。你们告诉我该怎么处理？"

叮当听了一通抱怨之后，也有点儿不耐烦，于是有了以下对话。

叮当："有些比你更早预订的人，也没有给他们送货，还希望您能够谅解一下。"

王小姐："那别人是怎么样，我管不着，我只知道我付钱了，你们就应该遵守对客户的承诺，其他的都不要跟我说。"

叮当："对此，我们也做了解释，实在是这几款家具卖得太好了，我们也没想到会断货断得这么快，现在必须等厂家发货才行。"

王小姐："我都跟你们说了，我们等着家具入场，要办乔迁酒的，现在你们这么慢，我们怎么办？现在去别的地方买都已经迟了。"

叮当："您再通融两天吧，实在不行把酒席的日子改一改，也不差这么两天啊。"

王小姐："那是我们定好的黄道吉日，是你说改就可以改的吗？"

叮当："要实在不行的话，我把订金退给您行吗？"

王小姐："现在是退订金的事情吗？耽误我这么多事情，必须跟你们老板谈，看要怎么补偿我的损失。"

以上，销售以失败告终。叮当完全没有意识到问题的严重性，她还以为是客户在故意找茬，把小问题扩大化。随便去搪塞客户的质问，导致她们之间的矛盾越来越大。最后叮当不但失去了这个客户，还背负了一个没有信誉的名声。

其实王小姐的问题也不是不可以解决，王小姐也只不过是因为自己的家具不能如期而至产生了几句抱怨，本来没多大事情，但因为销售员不够重视，也没有在当下及时地给出安慰客户的话语，所以才让王小姐心情更差。

在面对客户的抱怨时，销售员一定要万分留神，要足够重视他们的抱怨，并想办法解决，才能缓和客户的情绪。

那么销售员遇到客户抱怨之后，该如何解决呢？有以下几点。

1. 让客户发泄

客户的需求没有得到解决，他发泄是正常的事，他没有地方撒气，只能冲销售员抱怨出气，此时销售员要做的就是让客户痛快地发泄，等对方心理状态稳定下来之后再开展工作。

2. 了解客户抱怨的原因

客户对销售员不满，大发脾气，抱怨销售员处理得不好，可销售员又觉得没有大问题时，销售员不要马上表露自己的看法。要找到客户不满的原因，在脑海里进行快速分析，然后给出解决方案，让客户觉得你很重视他。

3. 主动承认错误

承认错误并不代表就是销售员的错，而这里表现的是一种态度，不让问题变严重，当你承认错误时，客户抱怨完之后，也会耐着性子听你讲。

做到这些之后，基本上就是"大事化小，小事化无"。以上那个例子，如果销售员叮当这么解决的话，就不会出现客户发脾气的局面。

正确的做法是什么呢？

叮当："实在不好意思，王小姐，您要是非常着急的话，我就跟工厂那边再催一下，让他们以特殊情况加急处理，优先给您送货。"

王小姐："那再怎么样，估计运到这里还要四五天，也来不及了。"

叮当："王小姐，我非常能理解您的难处，要不这样，麻烦您明天再亲自来一趟店里，我们店还有几款与您订购的相类似的款式，也卖得很好，您先过来看看。"

王小姐听了之后显然不再那么生气了，情绪也稳定了很多。叮当继续说道："王小姐，实在不好意思，耽误了您那么宝贵的时间，本来我们店是从不打折扣的，但这次为表示我们的歉意，我们给您打个九折。"

王小姐听到这里时，火气全消了，很痛快地答应明天再去店里选购。退了之前的订单，重新买了一套，开心地回去了。

有时候客户心里不满，发出几句抱怨是很正常的事，其实发泄完了也就过去了，销售员一定不能跟客户对着干。销售员只要做到认真听对方的数落，在对方数落完之后，积极给出应对方法，也就可以顺利地和平解决了。

如何应对客户的"不"

现象 什么都进不了客户的"法眼"。

"对不起，你们的产品确实不错，但我还要再考虑考虑，现在还不想买。"

"乔治，谢谢你的细致服务，我们暂时不需要。"

"大卫，别白费工夫了，我们不会要的。"

......

上述话语，几乎是销售员每天都会听到的话。这些话，对销售员来说也就意味着被拒绝了。所以很多时候，当销售员听到这些话时，便不会再展开"进攻"了。

其实，在销售行业里来说，被拒绝是常态。可即便如此，很多销售员并不会为这种"常态"去做好下一步准备，只是垂头丧气地面对。

很多时候，客户的"不"，并不意味着销售结束，只不过是某些销售员这么认为罢了。"不"，不是终点，而是一次又一次的起点。因为在客户拒绝之后，销售员还是有很多方法，把"不"变成"是"，把坏的局面给扳回来。

例如第一次客户说完"不"之后，你依旧可以发问，连续发问几次之后，客户有可能改变主意。

销售员："这件产品看上去很好，您需要吗？"

客户："不需要，不想买。"

销售员："但是我记得您说过，是希望拥有这件产品的，现在又是什么原因不想要了呢？"

客户："就是不想要了。"

销售员："您不用担心，我们是品牌店，讲究的是信誉，在全国多家城市，都有我们的店。"

客户："不要。"

销售员："这是我们的限量款，且免费送上门，您真的可以考虑一下，而且价格也很划算。"

客户："那我……就买吧。"

销售员不用害怕客户的"不"，继续礼貌开启"连环问"，可以给自己赢来一线机会。当然，销售员多久听一次上述的话语，取决于销售员的业务能力和技巧，业务能力够硬，销售技巧够灵活，你就可以极少听到类似的话语。

高级的销售员不会因为几个"不"，就拒绝继续销售，很多时候，他们之所以成功，就是源于他们的坚持。他们面对客户的"不"，会采取不同的应对方法。

举个例子。

霍兰是一家电子产品公司的高级营销顾问。

霍兰每天会接待很多不同的客户，当然，每天听到的"不"也有上百句，但她不会因此而感到困扰，更不会因为这些"不"

就不继续开展工作。

随便举一则霍兰接待客户的例子，看看她怎么来应对客户的"不"。

霍兰："这件产品，您打算买吗？"

客户："不买。"

霍兰："我记得您之前说过，如果它能赶在销售旺季出来，您是会考虑的，如果是这样的话，那您还会考虑吗？"

客户："我想我应该会的。"

霍兰："这么看来，您对我们的产品还是很有兴趣的，现在离销售旺季刚好还有一小段时间，您看看您要不要先预订？"

客户："这个……我资金不太够。"

霍兰："完全没有关系的，您不用担心，现在我们的产品可以选择分期付款，没有任何手续费，非常划算。"

客户："那我想想吧。"

霍兰："这次机会比较难得，预订的名额有限，您现在订了，后面还可享受 VIP 贵宾服务。"

客户："那好吧，那我买了。"

看出来了吗？"不"绝对不是终止的信号，销售员多听多注意，就能从其他的维度找到入口。

可生活中的部分销售员，大多数在听了"不"之后，就进行不下去了，不再与客户"周旋"。你可以回想一下自己的经历，是否也曾遇见类似的事。

比如你去一个服装店想看衣服，其实你是有意向的，但看到服务员在你进来之后，就马上黏上来了，你讨厌这种行为，所以你为了自己安静地看，就在销售员问你的时候，你说一句"不需要"，她就马上离开了。

这就是很简易的销售，后续也不会再发生购买行为。

托尼是一名冰箱售货员，业绩一直处在低下水平。他业绩不佳的原因其实也就在于，客户否认有购买意图之后，他就不再上前服务了，而是让客户站在一旁自己观看。

托尼："您好，很高兴为您服务。"

客户："哦，我就是随便看看。"

托尼："这是我们店里性价比不错的一款产品，需要我给您介绍一下吗？"

客户："哦，不用了。"

……

托尼瞬间就闪开了，把客户一个人晾在那里，让他自己在那儿看，客户看了没一会儿，就直接走了。

轻易地放弃为客户服务，也就是轻易地放弃人民币。你放弃了，只不过是给其他销售员做热身工作，客户会到下一家购买。

如何应对客户的"不"？并不是说你要多么坚决，而是你要在"不"里找视角，找方法，去与客户的"不"周旋。

销售员一定要记得，客户的"不"，不是终止，而是开始。

引导客户说"是"

现象 客户脑袋里全是否定。

听到别人说"不"这个字，大概是世界上最哀伤的事情了，尤其是对干销售这一行的业务员来说，一听见这个字，就头皮发麻。

你跟客户本来都交谈得挺好的，对方忽然一个"不"字，就能把前面说的抹得干干净净。

销售员如果想销售成功的话，就不能让客户说"不"，从头到尾都不行，一定要让对方走入自己的思维里，说"是"。

那如何才能让客户绝口不提"不"，顺着自己的思维说"是"呢?

看一则例子。

大卫是大西南地区的空调销售业务代表，某一天，他的朋友向他推荐一个客户，说那位客户是有名的企业家，旗下管理的酒店与产业也非常多。而且有几家在筹划的酒店，他肯定是需要购置大量空调的。

按道理说，是朋友推荐的话，大卫的工作应该好进展得多。

然而并没有，这位客户显然不是一位很好沟通的客户，从他对大卫的态度就可以看出，他一直搪塞，企图早点儿送走大卫。

最后纯属无奈，说是碍于情面也好，想把人快点儿打发走也好，买了大卫三台空调说先试试效果。

大卫不甘心，毕竟是那么大的生意，他不想就此放弃，想一举把他拿下。其间大卫上门沟通了两三次，但都是无功而返。

经过反复琢磨与不断总结，大卫决定再去拜访一次，这次，他对自己信心满满。

但刚进门，还没等大卫说话，企业家就直冲他摆手，说："我们是不会再购买你们的产品了。"大卫很纳闷儿，就问："是因为什么呢？难道我们的空调有问题？"

企业家回复："正是，你那几台空调，吹出来的风导致室内温度热的太热，冷的太冷，让人受不了。"

大卫从业这么久以来，还没遇到过客户这样说自己产品的，很显然，是这位企业家在找借口拒绝他，故意挑毛病。大卫知道，如果这个时候与企业家辩论，是没有任何效果的，反而会引起麻烦。

大卫总结之前的经验，换了个思路，他准备用"是"来撬开客户的心门，于是就有了以下的问答。

大卫："现在是夏季对吧？"

企业家："是的。"

大卫："您调温度的时候，开的是 18 摄氏度？"

企业家："是。"

大卫："我想问问您，一般室内温度调到多少最舒适呀？是不是 25 摄氏度左右？"

企业家："我想是这样。"

大卫："那您是不是开得太低了呢？一来会太凉，二来对身体健康也不好，您说呢？"

企业家："这么说来也是。"

大卫："我们的这款产品，制冷制热的效果都非常好，且耗电不会很多，如果您开到合适的温度，根据房间的大小，来决定它的温度，肯定不会有问题。我想我说的这些您都赞成吧？"

企业家："是这么回事。"

最后企业家向他订购了几百台空调。

不要给客户说"不"的机会，大卫成功地把客户引入到自己的谈话方式里，接二连三的"是"，直接让他的销售业绩猛增。

提问是一门技术，如何引导是一种思维，再来看看另一则例子。

小合是一家盆栽植物专卖公司的推销员，某天他给客户打电话销售盆栽："您好，请问贵公司需要盆栽吗？"那边干巴巴地回复了一句"不需要"，就啪的一声把电话挂了。如果小合换个方式提问："您好，请问贵公司经常会在办公室或会议厅摆设盆栽吗？"毋庸置疑，对方一定会说"是"。

所以提问的方式非常重要，正确的提问，能让你开启话题，不正确的提问，会直接被 pass 掉，没有任何回旋的余地。

在销售中，销售员要记住，与客户交谈的过程中不要以异议作为开始，要以双方都认可的事情作为原则。有一组心理研究数据曾表明，当客户一开始说"是"，后面也会惯性地说"是"；

相反，如果客户一开始就说"不"，那他后面也会一直说"不"，且销售员很难再把客户的思维扭转过来。

销售员也可以通过肯定性诱导来对客户进行提问，什么是肯定性诱导呢？

即将肯定性说法与诱导性提问的方法并用，先说肯定性说法，就是类似"非常受人欢迎"，其次就是"诱导"："这两种产品性能不一样，各有各的好，不知道您要选哪一种？"

销售员要懂得如何击中对方的要害，一步步引导对方说"是"，事情办起来才会顺利得多，产品也相对容易卖一些。

帮客户分析

现象 治疗客户的选择困难症。

客户在购买产品的时候，很容易出现"选择困难症"，这个时候就需要销售员出面，说一番客户能听到心里去的话。所以有时候，销售员适当地说一下产品的弱点并非坏事。

一位大姐前去超市，打算买一瓶罐头。她站在货架前，左挑右看，货架上有两款看上去差不多的罐头，但价格不一样，发白的那款要稍微贵一些，纯黄的要便宜些。

她问站在一旁整理货物的售货员："这两款有什么不同吗？这款贵的我平常倒是见过，而这款便宜的我似乎从没看见过。但是这款贵的确实又贵了点……"

售货员知道大姐为难了，不知道选哪款好，这时她走过去接过大姐手里的两个罐头，问："这是买来自己家庭食用吧？"大姐点头回复"是"。

售货员："那就好办了，如果您自己家庭食用的话，我觉得您买这款便宜的就行。因为这款大多数家庭选择得多，好吃也便宜。相对来说，贵的那款其实就是放了添加剂，所以颜色看上去好看一些，大部分是饭店在采购这样的罐头，但对家庭来说不实用也不划算。"

大姐："那如果仅仅是你说的这些差别的话，那我就买这款黄色的吧。"说完就兴冲冲地拿上那便宜的罐头离开了。

销售员很懂得客户的心思，知道她买贵的嫌贵，买便宜的又怕丢了面子，恰当地说出产品的弱点，分析其利弊，再加上诚恳的建议，自然会促进这笔生意的成交。

毕竟卖"矛"又卖"盾"，总不能两者都夸，挑一个客户想要的夸，就能迅速让客户做出决定。

小雅就是这样一位很会说话的销售员，一天，一位顾客来买衣服，顾客看中了两条牛仔裤，但是出于经济原因，她只打算买一条。

她把两条牛仔裤试了又试，很难抉择。这时候小雅对顾客说："其实呀，这两条牛仔裤都非常适合您，但如果是我的话，我建议您买这条淡色系列的，一是夏天马上来了，淡色会显得人阳光一些。另外就是那款深色的，卖得没有淡色好，淡色比较抢手，是'镇店之宝'呢。"

小雅给完顾客建议之后，顾客就买了她推荐的那条裤子。一般的销售员只会说好话，但好话说得多了，客户反而不相信。顾客听上去觉得小雅是在认真帮她分析，是坦诚的，所以很自然地信任她。小雅的高明之处，在于夸奖这条裤子的同时，也没有贬低另外一条裤子。

奈里是一位颇有名气的销售总监，一年时间他从无名小卒爬到总监的位置，可见他的销售功力还是非常厉害的。

他跟其他销售员不一样，别的销售员推销玻璃窗时，只会说它的优点，比如这个虽然贵一些，但是它的隔音效果非常好，马路外面的声音完全听不见。

但奈里不一样，他因人而异，举个例子。

一次一位客户在电话里告诉奈里，他想买一款玻璃窗，要防晒效果好，又隔音的。奈里说没问题，最后客户又加了句，价格也不能太贵。

奈里问了客户居住地，客户说在世纪小区，于是奈里前去拜访了客户。

奈里："您之前说的那些我都了解得差不多了，我刚刚上楼之前考察了一下，您周围的环境非常好。"

客户："有什么好的推荐吗？"

奈里："您可以选择一款价格适中的产品，这款产品的隔音性可能没有那么强，但是一般的声音还是能隔断的。我特意观察了您周围，楼房彻底与马路隔开，地段在比较靠里的地方。这也就意味着，平常周遭都是很安静的。所以您选择我们公司 ×× 产品就可以，价格也不贵。如果选择那款很贵的也没有必要，毕竟那是针对那些马路边上的房子设计的，您这小区非常安静，选择我们这款 ×× 产品，没有任何问题。"

客户："你说得对，平常只要没人刻意大声喧哗，还是很安静的。那我就要你说的这款产品吧。"

客户很明确地说出了他的需求，价格要低，东西还要好，这几乎是不能兼得的。但奈里经过观察，分析出客户房子的利弊，从而给出合理的推荐，他也实事求是地说出了这款产品的性能，没有欺骗客户。让客户听了觉得对方是认真在替自己考虑的，客户当然会买下奈里的产品。

很多时候不难发现，就像自己去买某样东西，当你犹豫不决，不知道买哪款产品时，销售员如果能给你认真分析，你都会去选择他所推荐的那一款。但你若发现销售员是在敷衍你，你很有可能两者都不会买，掉头就走。

所以在销售的过程中，把客户想要的"扩大化"，把另外一种"缩小化"，就比较能达到成交的目的。

有一次茉莉去买一款防晒霜，一款贵的，一款便宜的，但是两者看上去实在是没有太大的区别。茉莉很纠结地问售货员，她应该买哪一种。结果她碰上一个想敷衍了事的售货员，对方直接告诉她："你两者都买了不就行了吗？你要是想买贵的那种，便宜的又没有多少钱，你想买便宜的，可是又不甘心放弃那款贵的，那你还不如干脆都买了呢。"

气得茉莉把东西摔下就走了，这售货员就一点儿没有站在客户角度为客户考虑，一点儿实质性的东西也没有分析出来，这么敷衍了事，不但客户不买东西，也很难再来第二次。

销售员不用把产品吹得天花乱坠，只管实事求是，每款产品都会有不足的地方。你按照客户的需求，替客户分析出一款适合他的产品就好，其他的客户自由定夺。这样会赢得客户的心，也自然会赢得这笔生意。

掌握对方的性格

现象 学会习惯对方的好或者是坏。

人的性格千千万，不同的客户有不同的性格，不同的性格也就意味着销售员的业务不那么容易展开。有的人好说话，有的人爱较劲，有的人拿不定主意，有的人爽快等。

怎么可以分析出客户有怎样的性格呢？其实很简单，他们的性格都藏在他们的言语和行为里。

比如有些客户跟销售员交谈的时候，喜欢用恭敬用语，这类客户为人大多比较圆滑，八面玲珑，也有非常好的洞察力。当销售员遇见这类客户的时候，要非常注意，不要反而被对方的思维给控制了，最后别自己的东西没卖出去，反而被客户"套"出些东西来。

有些客户喜欢使用礼貌用语，这类客户大多都有良好的文化素养，为人也比较谦逊，面对这类客户，销售员往往都会很轻松，只要销售员拿出真诚的态度，认真为客户分析，一般都没有太大问题。

还有些客户的语言非常刁钻刻薄，这一类的客户很不好惹，如果销售员没有强大的心理很容易会被对方气死，甚至会对骂起来，那就更不用说对客户进行销售了。面对这类客户销售员该怎么办呢？

千万不要发脾气，无论内心火多么大，也一定要忍住，忍到最后客户会觉得你这个人脾气还不错，或许会愿意跟你谈论产品知识。

再比如喜欢说方言的客户，这类型的客户比较"多愁善感"，为人比较随和，感情也比较丰富，销售员与这种客户交流的时候，可以多打打感情牌，聊聊家乡，聊聊风土人情都可以，最后再进入到正题也是一种不错的选择方案。

还有些说话拖拉的客户，这种客户喜欢拖泥带水，责任心也不是很强，平常生活中很纠结，销售员面对这类型的客户，千万不要陷入到与对方的纠缠中，要把每一句话简练地说到点子上。

也有看上去沉默寡言的客户，他们不善言谈，思维也不是很活跃，面对这样的客户，销售员要减少发问，直接向他们介绍产品主体。

面对生活中不同性格的客户，销售员要懂得抛不同的"诱饵"，用不同的方法让客户"上钩"。

再有就是看上去没有主见的客户，他们通常优柔寡断，做事不干脆利落，很难自己做出决定，面对这类型的客户，销售员一定要显得很自信，很有底气地跟对方交谈，正面积极地对他们提出建议，这样才会打消他们的顾虑，使他们能快速做出决定。

还有一种客户，他们"先入为主"，他们的口头禅就是，"我先看看，一会儿再说"，但未必就是客户真的不想购买，他们其实很有主意，只是想等销售员来提问，面对这种类型的客户，销售员一定要热情真诚且耐心地消除他们的抵触心理，他们才会真正去接纳你的产品。

另外一种客户是知识渊博型的，他们也是最能让销售员受益的一种客户。与他们交谈时，可以认真聆听，一方面可以学习客户的知识，一方面给予客户尊重。当然，聆听不是最主要的目的，最终目的还是要进行销售。这个时候销售员就一定要用专业知识来打动强大的客户，销售的同时，给予客户真诚的赞美，会更容易俘获他们的心。

接下来一种就是"匆匆忙忙"类型的客户，他们看上去总是有忙不完的事情，忙不完的工作，面对你的销售，他们可能会微笑拒绝，说他们现在没有时间，他们要赶去某个地方，下次再听之类的话。这时候销售员不要过多地废话，直入主题，奔着他的需求去，只要有一点吸引到对方，你就有成交的机会。

生活中，销售员虽然产品知识过硬，但由于掌握不好对方性格而失败的例子比比皆是。

曾经有一个销售员，上门去拜访一位客户，而那位客户刚好是不善言辞的客户，整个销售氛围显得很冷清，似乎是销售员一个人的独角戏，销售员似乎并不懂得如何化解这场"尴尬"，他说到一半的时候，感觉到自己不好意思再说下去了，直接就退出告别了。他说的完全是一些无关痛痒的题外话，没有直奔主题与客户产生互动关系，所以最终以失败告终。

多花些心思，多留一个心眼，就没有成就不了的事，最终的结果，还是要看销售员个人。

以上所述，都需要销售员反复琢磨，练就火眼金睛，通过对话，敏捷地捕捉到对方的性格，从而设计好销售策略，一举把客户拿下。

04

CHAPTER

第四章
站在客户的角度思考

跟客户对立，是一种不成熟的表现，事实上对立的关系是一定存在的，一个想少掏钱，一个想要对方多掏钱，互相博弈，即便如此，表面上也不应该让客户如临大敌，大家都知道过于对立的结果往往是两败俱伤。

何种情况下开门见山

现象 *客户不是你的亲人。*

相信很多销售员都有这样一种疑惑，那就是跟客户谈判时，该开门见山呢，还是该循序渐进。有些人觉得前者好，也有人赞同后者，但不管是哪种方式，销售员最终的目的还是卖出产品。

何种情况下开门见山？当然还是得先看客户是属于哪种性格的人，如果他是急躁型的客户，你就不能一直慢慢悠悠地长篇大论，让人失去耐心，就该开门见山。

大同是一家文化传媒公司负责外联的销售员，有一个活动需要另一家公司的参与，他打算登门拜访，让对方跟自己合作。见到对方负责人之后，他半天都没有进入主题，而是在东拉西扯。

对方负责人一头雾水，隔了10分钟之后，他直接问大同这次前来是什么目的。如果有事的话就尽快讲，没事的话他就要送客了。

这样的场面弄得大同非常尴尬，他只好连连说对不起，但当他再要说主题的时候，对方已经没有耐心听下去了，大同只好直接走人了。

　　这种客户显然是有事说事型的，在工作中也比较雷厉风行，感情牌在他们面前根本不管用，就不如开门见山直接地讲。

　　如果方法不对，很可能努力就白费了。

　　Mike是一个卖按摩椅的销售员，他去拜访一个60多岁的大伯，他带着产品资料敲开了大伯家的门，直言相告："您好，大伯，我是卖按摩椅的，您需要了解一下吗？""砰"的一声门就关了，大伯什么话也没说就把门关了，Mike吃了一个闭门羹。

　　相比而言，这种类型的人更需要对方关心，需要对他打情感牌，可Mike过于直接的开场白，导致什么收获都没有。好在后来Mike回到公司之后总结了一番，他调整了策略，去大伯的社区做了一番了解，与他们聊聊家常，左右长短地询问他们的健康状况，果不其然，这招很管用，不光是大伯，社区里好几户人家都争相购买。

　　其实不管开门见山也好，循序渐进也好，总之要先摸清楚客户的需求以及客户的性格，如果连这些都不了解，肯定会吃亏。

　　开门见山虽然也有部分客户会喜欢，但大多时候，喜欢慢慢讲产品性质的客户比较多。除了部分性格干脆的人，大多数人不喜欢开门见山，因为目的性太强，客户会产生抵触的心理。

　　哪种情况下开门见山，主要是看销售员的业务能力怎么样，有没有能力掌握好主动权，如果还没具备那种能力的话，就要慎用开门见山的方式。

　　因为你开门见山，也就意味着你可能了解不到客户真正的需求，当你知道后，后面再补上来的感觉就会差了一些。

　　比如说，你要跟好朋友借一样东西，你一上来就问，借5000

块钱给我吧，你们家是你掌握财政大权吗？那么后面这一句，就直接给了朋友回绝你的极好借口。他可以回复一句，我家我媳妇管钱啊！当对方知道你的目的之后，你就很难得到有用的信息。

尤其是现实生活中，信息发达的时代，百姓们接到的"骚扰"电话越来越多，你上来就直接推销，人家会很本能地拒绝，不会给你留任何的情面。除非你是一个八面玲珑的销售员，在开门见山后，还能顺利圆场。

开门见山只适用于一小部分客户受众群体，哪些人呢？他们是非常忙的那一类人，对于他们来说时间非常珍贵，但这类人往往都是非常成功的人，职位也比较高。

任何一种方法都有它的利与弊，就好比开门见山，利就是节省时间；弊就是以上所说的到处充斥着推销信息，让对方反感。

那间接一点儿的方式，它的利在于能够充分了解消费者的心理需求，可以随时调整策略。但弊端就在于会使那些赶时间，以及目标明确的消费者白白流失。

总的来说，如果觉得自己有足够的本领，那开门见山不失为一种营销手法，但若驾驭不了，不如慢慢地去从"低端"开始练起，因为开门见山这种手法并不是每个销售员都会使用。

学会反客为主

现象 上半场失败，下半场还有赢的可能。

掌握好主动权，对于销售员来说非常重要，主动权就相当于一张王牌，如果失去了王牌，被对方占了先机，销售员就会很吃亏。

销售的时候，很多客户都喜欢说"我再想想吧""先这样，我下周再给你电话""我现在没有时间，我还有其他事情要处理"之类的借口，来终止合作关系。

尤其是很多精明的客户非常擅长"洗脑"，不知不觉，销售员都会被他反"洗"，更不要提把产品卖给人家了。业务不精，反应能力不强的销售员很容易被客户"洗脑"，只能眼睁睁把主动权交到客户手里去。

来看一则例子。

一位销售员前往某家公司拜访采购经理，销售员微笑着把自己的产品报价单递上去，说："您好刘经理，这是我们公司的产品价格单，您请过目。"

销售员递交完价格单之后，也一直没有说话，沉默，让客户一个人细细地看。过了大概五分钟之后，采购经理缓缓抬起头，说："你们公司的报价怎么这么高？另一家单位的报价比你们要低很多，而且他们距离我们比你们还近，万一有点儿紧急事件你们来不及，要怎么处理？"

后面采购经理还说了很多话，问了一些问题，但销售员都回答不上来，找不到任何话语来回复采购经理。只好赶紧拿起自己的报价表，说声抱歉之后逃也似的离开了办公室。

交易失败，很明显，客户占了主动权，销售员完全属于被动的一方，"攻心"不成，反被"洗脑"，怎么可能成功？

当然，不得不说，这个销售员还不是一个成熟的销售员。因为他还没拿起那张王牌（主动权），主动权的背后是什么？是对产品以及整个行业与客户的了解，他什么都不懂，冒冒失失跑来，必定会灰溜溜地退场。

只有当一个销售员具备基本的销售资格，才能拿起那张王牌，才能把它从陌生玩到顺溜。

客户刁难销售员无非就是想要你们的价格更低些，服务更好些，仅此而已。但如果价格压得太低，对公司以及自己毫无利益的话，那这张合作单，似乎也没有太大的用处。

一个业务成熟的销售员，遇到以上的事情会怎么做？首先是不急不躁，不自乱阵脚，反客为主。

可以跟客户讲清缘由，虽然不知道对方期待的价格是怎样的，但告诉对方，自己的价格是包含整个体系，相当于"一条龙"的服务，维修需要多少人力，零件的质量好坏，以及其他方面的服务，这些成本都在里面。至于距离问题，这个完全不需要客户担心，肯定不会让客户公司受到损失，会在固定的时间内赶过来。

然后在适当的时候，抛出一点儿折扣价，就能顺利把客户拿下来，即使没能立刻把客户拿下来，也不会被客户"尴尬"地"轰走"。

当销售员面对客户提问时，一定不要闪闪躲躲，要正面有力地回答，这样客户才会对自己多一份信任。最主要的是要学会察言观色，不要等客户一连串问题都问完了之后，才畏畏缩缩蹦出几个字来。要主动地把客户想知道的信息传达出去。

在反客为主里，也可以用一招小技巧来拿下客户，比如利用"拆分问题"引导客户。

举个例子。

某榨汁机销售现场，客户抱怨榨汁机卖得太贵。

销售员："您觉得贵了多少？多少才不贵呢？"

客户："起码贵了 800 元。"

销售员："好，那假设它是贵了 800 元，但像这样的榨汁机肯定可以使用 5 年吧，5 年内您不会考虑换吧？"

客户："没错。"

销售员："那这么算下来，每年也就是多花了 100 多元，那一个月下来是不是就 5 元多钱？"

客户："是的。"

销售员："那您每天肯定是要使用的吧？保守来算，一个月使用 30 次的话，那每次就花了 0.17 元，也就是 1 角 7 分，1 角 7 分既能保证您的健康，又养颜，还能喝到鲜榨果汁，这么算下来是不是很划算呢?"

客户:"这么说起来,也有道理啊,那行,给我来两台,一台自己用,一台送人!"

如果换作不会反客为主的销售员,又只能白白流失一单,由此可见,思考与实践非常重要。销售员想从事销售这一行业时,不要总急着成交订单,而要在下单前,多动脑筋,多向经验丰富的前辈学习,吸取经验,从而在实践中,"一举破敌"。

一针见血，击中客户要害

现象 客户的痛点埋得再深，也要挖出来。

好的销售员，并不是指他多么会说话，能说多少话，而是指他能不能说出击中客户痛点的话，这是最主要的。

以推销枕头为例。

销售员：您好，这是我们的新产品，以 ×× 材料制成的一款枕头，非常舒适，您要考虑一下吗？"

客户："我自己家又不是没有枕头，我要你这枕头做什么？这不是浪费钱吗？"

销售员一时无言以对，只能悄悄退场。

从上面的话来看，销售员说的完全是无关痛痒的废话，丝毫没有站在客户角度去思考问题，最终结果只能是失败。

同样的场景，换个说法结果就会完全不同，请看以下对话。

销售员："您好，冒昧地问一下，您是不是经常睡眠不好啊？"

客户："是的，你是怎么知道的？"

销售员："因为看您眼周围有淡淡的乌青，判断应该是睡眠质量的问题。"

客户："是啊，因为最近工作很忙，经常熬夜，一般到了凌晨两点后再睡的话，就怎么也进入不了深度睡眠，本来睡得少，加上睡眠质量也不好，人就更加疲惫。"

销售员："是啊，现在的人，压力都非常大，睡不好很正常。但就您睡眠这个问题，我想今天可以很好地解决了。"

客户："为什么呢？"

销售员："我们这款新出的纤维枕头，不但能改变人的睡眠质量，还有很好的抗皱性，是专为睡眠不好的人，量身定做的，您要不要考虑一下？"

客户："这听起来确实不错，那我买一个回家试试。"

这个销售员，知道客户的"要害"在哪里，就是他的睡眠问题，会察言观色，说出的话也一针见血。

说到底，我们要知道客户的需求，才能一针见血地击中他的要害。再看一则例子。

有一对夫妇，他们准备买下一块地皮，用来自己栽种花草。销售员为他们推荐了一块地皮，夫妇两人来到了现场，看见地皮坑洼不平，到处一派荒凉景象，心生不满。但他们看见边上不远处有一棵非常茂盛的桃树，且阳光能直晒到上面时，又微微一笑。

这对夫妇对销售员说："你们这里都没人打理，荒废成这样了。"

聪明的销售员知道他们在找"麻烦"，但他们刚刚的一举一动，包括对桃树的喜爱，销售员都看在了眼里。于是他说："这棵桃树我们会派园艺师来打理好，草坪上的这些杂草也会一并清除，如果二位觉得那棵桃树很大，自己打理起来很麻烦的话，我们也会不定期地派人过来打理。"

夫妻听了销售员的话之后，非常开心，当即就交了定金，愉快地离开了。

这位销售员，正是敏锐地抓住了对方的"小动作"，最后直击客户的"痛点"，让他们痛快地交钱，开心地离开。

还有一则小故事。

王欢家里刚装修完，但还差卧室的墙布没有选好，她来到家居公司里，一位年轻的销售员接待了她。

销售员一来就跟她聊起了家常，但随便寒暄了一会儿之后，就进入了正题。

销售员："您是不是个人喜欢淡色系列的偏多一些？"

王欢："是。"

销售员："那家里是不是也以白色简洁风格系列为主？"

王欢："这你是怎么知道的？我还没给你看我们家的装修风格呢。"

销售员："很简单啊，从您的穿着搭配就能看出来，您是一个干净、喜欢简洁的人。"

王欢那天确实穿得很素净，也只化了淡妆，一双白色运动鞋，一个马尾辫高高扎起。

销售员："那就好办了，我们这里刚好有符合您家装修风格的墙布，您可以来看一看。"

说着，销售员就把她引到了柜台前，给她做了一番介绍。包括产地、做工以及细节都说到了点子上。

王欢对销售员说，就要她介绍的那款，当即付了款。

由此可见，其实销售员说到她喜欢简洁之后，王欢的心里大概就有了主意，等销售员死死地把住了王欢的脉之后，再对她进行产品"催眠"，这个时候的王欢十有八九都会买下这款墙布的了。

快狠准，是销售的核心。此外，销售员要学会聆听，客户说话时，一定要打起十二分精神聆听。不要三心二意，要把客户说过的话都记在脑子里。在聆听的同时，也要眼观八方，才能敏锐地捕捉对方的一举一动。

然后再根据事实，理性地给出建议，为客户分析自己的产品好在哪里，能给对方带来什么好处，以让生意成交。

必要的时候，恰当沉默

现象 谈话变成吵架，是一件悲哀的事情。

销售时并不是喋喋不休就能实现成交，有时候适当地沉默，反而能让人有意外的收获。

我曾经看过一则关于"沉默是金"的小故事，说的是大发明家爱迪生的故事。爱迪生发明了自动发报机之后，便想卖掉新发明，重新建一个实验室。

但爱迪生不知道自己的发明能卖多少钱，他就找自己的妻子，让她帮忙出主意。但妻子其实也不知道这项发明能卖多少钱，后来想了想说，那就卖2万美元得了，因为造一个实验室差不多要花这么多钱。

爱迪生听了之后，觉得价钱太高，一副犹豫不决的样子。妻子见状说，要不你就等对方开口吧，看他能开多少价格。

那时的爱迪生已经小有名气了，美国的一位商人听说之后，表示愿意购买爱迪生的新发明。在交谈过程中，爱迪生因为不好意思开口要价，一直沉默不语。

商人追问了好几次也无果，最后商家实在沉不住气了，主动说出了一个价格。他说："那我就先开价了，10万美元，如何？"

这个价格是爱迪生完全没有想到的，他甚至以为都卖不到2万美元，结果居然卖到了10万美元的高价。

沉默能赚钱吗？这就是最好的以沉默赚钱的方式。很多时候，沉默是一种对方不可抗拒的力量。

曾经有两个推销员，他们之间就进行了一场沉默的较量。故事是怎么发生的呢？

一个推销员A想从另一个推销员B那里拿下一批好的钢筋，在交谈过程中，A给出报价之后就再也没有说话。但B也是一个经验丰富的推销员，他可能在心里看出了A的销售套路，所以他也保持沉默。两个人谁都不说话，一直在那里僵持。

大概过去了6分钟，更老到的B拿出了一张纸、一支笔，写下了两个字：弹叛。但A看到之后就大喊起来，说你写错字了，谈判这两个字不是这么写的。其实这是B用的策略，目的就是让对方说话。

果然A一张嘴之后就再也没能收住嘴，很多时候相信大家也感同身受，就是你一旦打开话匣子，就很难收回来。

A说："这已经是最低价格了，要不这样吧，每批货再少1000元，不能再少了。"在不知对方是否接受报价的时候，A就已经退让了。

在最终交易的时候，常常会言多语失，用一点儿小小的策略，就能为自己赢来利益。

我记得有一次陪朋友去服装店买衣服，朋友看中了一件小黑毛衣，想跟店家砍价，因为她知道商业街小店铺里的衣服，多少是能还上一点儿价格的。

于是她就开口问老板多少钱，老板说 320 元，朋友只是轻轻地瞥了一眼，没说话，老板赶紧说，280 元。朋友还是沉默，拉着我想走。最后老板说："最低 150 元，给你了。"朋友给钱，成交。

顾客不说话，老板自顾自降价，让出的价钱，都是自己真金白银的利益。在销售环节中，有的时候谁先绷不住，谁就得先"亡"。

要知道，很多时候，沉默并不是逃避，而是营销里的一种策略，是为了更好地控制谈判的局面。

有一个卖旧家具的商贩，考虑到自己很快要去国外追随他的妻子，所以想把手里的家具都卖掉。他心想，自己的这些家具看上去也有些破旧了，应该是卖不出什么好价钱了，能卖多少就卖多少算了；要是能卖个 6 万元，那最好不过，要是卖不了的话，卖个 4 万元也行。

后来来了一位买主，把这些放在仓库里的家具都看了个遍，说了很多，从大理石说到家具的新旧，嘴像机关枪一直没有停歇过。

商贩也没说什么，耐着性子听对方"发牢骚"，买主绕了两圈之后，终于走到他面前："讲真的，你这些家具已经不怎么值钱了，我想听听你的价格，如果不合适的话，我是不会要的。"

商贩的脑子还在转，到底是开价 6 万元，还是 4 万元。还没等他说话，买主接着说："这样吧，你也甭说了，我给你出 8 万元，成就成，不成就拉倒。"

　　无意间的沉默，反而让商贩多赚了几万元，可见适当的时候，适当的沉默多么重要。

　　最好的销售不是以话多取胜，而是每一句话都说在点子上，该沉默时绝对不多说一句话，该说话时绝对不沉默。

　　我还记得一件发生在朋友身上的事情。

　　曾经某公司找兼职人员，找到了我朋友。那家公司的人事恰巧是我朋友以前的同事，他们需要找一位设计师来辅助他们的工作。

　　因为是兼职，也恰巧跟对方算是熟人，朋友不好开价，于是问对方能给多少，他觉得差不多就行。但对方非要他自己开价，他呢，也没有保持沉默，想着既然对方让开，那我就开了吧。

　　他跟人事说，那就每月6000元，虽然是兼职，但也能保证完成好任务。人事听了之后爽快地答应了。后来有一次朋友跟同行聊天，聊到兼职的事情，朋友一听就傻眼了——同行也找到一份兼职，几乎跟他的兼职性质一模一样，但工资足足比他高出2000元。

　　虽然这件事情，看上去跟销售没什么关系，但道理却是一样的，某些时候，谁先开口，谁就输。销售员一定要把握好机会，该说话的时候决不嘴软，不该说话的时候一定闭嘴不谈。

记住对方的名字

现象 你不理我，我不理你，没什么好说的。

世界上最伟大的推销员乔·吉拉德有一项"特殊"的本领，他能记住六万个人的姓名。也就是说凡他拜访过的客户，他都能"过目不忘"。每次拜访客户前，他都会把对方的爱好与家庭境况了解得一清二楚，时隔一年半载之后，他还能清晰地叫出别人的名字。所以，乔·吉拉德的成功是有道理的。

记住客户的名字，至关重要，虽然这只是一个很小的细节，但这个细节却关乎一场合作的成败。名字是一个人的名片，人都会对自己的这张名片带有特殊的情感，对自己的名字也会有认同感。

在一家高级的西餐厅里，经理规定店员要记住每一位客人的名字，如果对方来第二次，一定要能叫出其全名，客人进店的时候，不能只说欢迎，而是要说欢迎××先生（小姐）。据调查，这家西餐厅的客源要比整个区域同类餐馆，高出百分之三十。

相应地，客人来这里用餐，店员把自己的姓名记得如此清楚，那种备受尊重的感觉一下就上来了，也会觉得很亲切。下次若是还想吃西餐，他肯定还会来这家店，不仅如此，他们还会介绍给自己的朋友以及更多的人，一传十，十传百，这家店的名气会越来越大，从而在同类餐厅中脱颖而出。

所以在销售中，销售员必须牢牢记住客户的名字，说不定你的某个细节就打动了某一位客户。

小五是一家公司销售员，他每次拜访客户前，都会把客户的资料摸得很透，会在路上默念客户的名字。这种默念，并不是因为他不记得，而是因为他想通过多次练习，把客户的名字叫得更自然，更亲切一些。每个与他接触的客户，都很乐意跟他打交道，认为他是一个诚实可靠的人，所以他的业绩会比公司其他销售员高一些。

也许你会觉得记住一个人的名字，默念几句就可以随便成功了。当然不是，只是从这个层面上就可以看出一个人，对自己事业的用心程度和对客户的用心态度，每一件不平凡的事情都是从细节做起的，很多人就是因为忽略细节，认为细节不重要才白白丧失了很多客源。

小五在每次与客户成交之后，在节假日还会打电话问候对方。他为什么这么做呢？因为他很聪明，他知道每完成一笔合作之后，并不是就此分道扬镳，而是可以从客户身上获得更多的销售额，要知道，你的老客户，即是对手的新客户，你不用心培养这段与客户之间的情感，自然会有人替你去培养。

已经建立起的关系，千万不要随随便便丢掉，要花心思来维护，从一个名字开始，从一句问候开始，永远给客户一种真诚踏实值得信赖的感觉。

　　曾经有个人问，这个世界上最美妙的声音是什么？是海豚音，是美声音？不，都不是，是自己的名字在别人的口中叫出来的声音。

　　你能第一时间叫出对方的名字，也就意味着你们本来很远的关系，一下子就被拉得很近。

　　销售员曼德拉要去拜访一位客户，但这位客户的名字非常拗口，叫康威斯瑟斯·马德莱拉斯，因为名字不好念，所以他的朋友们一概简称他为康威斯。

　　为了能在拜访客户时，顺利熟练地叫出他的名字，曼德拉在家里一遍又一遍地练习，直到这位客户的名字能脱口而出时，他才登门拜访。

　　曼德拉挑了一个平常的日子去拜访康威斯，当曼德拉用全名"康威斯瑟斯·马德莱拉斯"问候他时，对方用一副不可思议的表情看着他，随即把曼德拉请进屋。他说今天不管他的来意是什么，他们都要好好地聊上一番，他说他在这座城市居住了将近10年，但还没有一个人像曼德拉这样，用全名跟他打招呼。他还说若不是曼德拉，他恐怕都忘记自己的全名了。

　　结果自然不言而喻，曼德拉顺利地签下了单子，并与康威斯的关系处得十分融洽。康威斯表示，只要他还管着事，未来的单子都愿意交给曼德拉去做。

　　那么如何才能正确地记住别人的名字呢？尤其是在大型场合，想要发展的潜在客户很多，而客户的面孔又很陌生，名字也不好记，这时该怎么办呢？

　　你可以在别人说出名字的时候，在心里默记下来，然后再用笔记到本子里。当接触下一个客户的时候，再迅速回忆一下之前客户的名字，以此类推，加以巩固。当然，名字对上人，有些难度，因为不特别去注意人的面孔的话，会很容易忽视掉，这就要靠自己去留心观察了。

在记忆名字的过程中，除了无限重复，也可以靠联想法来加深记忆，比如对方叫刘寅，而不远处的主持人正好在说话，很大的声音，你就可以把寅，联想成"音"。

总之，要想多做出点儿业绩，多一点儿成就，就必得多下一番功夫。销售，就从记住对方名字开始。

不要与客户争辩

现象 吵架赢了，买卖可能就会黄了。

销售员一定不能与客户起冲突，也不要试图与客户争辩，冷静下来，告诉自己，客户永远是对的。即便客户不占理，也不要去跟他一争高低。如果图一时嘴快，即便你争赢了，其实也是输了，因为丢了客户，很不划算。

有些人因为懂得退让，能步步为营；有些人因为逞一时口舌之快，却丢了与客户更进一层的关系。

某次，王言去一家咖啡馆点餐，他点了一杯芒果奶昔和慕斯蛋糕，点了之后就去座位上耐心等待了。10分钟之后，服务员送上来的不是芒果奶昔，而是蓝莓奶昔。

王言把手中的蓝莓奶昔拿去服务台，并对服务员说了这件事，服务员看了一眼单子之后，马上微笑着说："我这就给您重换一杯。"

王言拿过芒果奶昔之后，心满意足地回到了座位上。这时他不经意地瞥了一下右上角的小票，单子上赫然写着：蓝莓奶昔。这时他才意识到是自己错了，服务员并没有错。他点的确实是蓝莓奶昔，只不过是他潜意识里以为是芒果奶昔罢了。

但那家店的服务员并没有说太多，就直接把饮料换给了王言，王言自然心怀感谢，他虽然嘴上没有说什么，可在那之后却成了那里的常客。

不与客户争辩什么，"客户永远是上帝"，在那家店里实践得很好。如果去争辩，会得不偿失。

还有一次，王言去买皮鞋，花了1000元，但买回来不足一月就裂开了。王言很生气，提着皮鞋就去找商家理论了。当时鞋店里有很多顾客，鞋店经理马上接待了王言，询问他的情况。

经理了解到情况之后，连连道歉，说因为个别原因，导致耽误了王言的时间，让他多跑一趟。经理承诺给王言换一双新鞋，并把王言的旧鞋子拿回工厂重新返工。

王言自然同意，他觉得经理的做法很妥当，连连赞赏经理的行为。

不去跟客户争辩什么，错了就及时改正，即便没错也要态度诚恳，这才是一个合格的销售员应该具备的素质。

但生活中，也不是所有人都不爱争辩的，有些人就是非常爱抬杠，哈里就是这么一个人。

哈里是一个汽车业务员，但他的销售业绩一直都非常差，他的上级替他总结了一下，发现他有一个很大的毛病，那就是他非常爱跟客户争辩。

如果是客户说他车子的哪项性能不太好，他就会很激烈地跟客户争起来，直到争赢为止。每当他发现自己赢了之后，还在沾沾自喜，以为自己占了上风，客户就一定会听自己的。没想到结果他是赢了，客户却走了，走之前都不理睬哈里，直接扬长而去。

后来经理指出他的缺点，并告诉他，要他今后不要逞一时口快与客户争辩。客户说什么尽管让客户去说，每个人发表自己的观点总没错，如果这个时候有人跳出来反驳他的观点，他当然会不满。

哈里也听从经理的教导，不再跟对方抬杠，有什么他都听着，听完之后再去发表自己的看法。那之后，他的业绩果然提升了很多，因为他在汽车行业具备非常专业的知识，除去这点毛病之后，一路顺风顺水。

除了哈里，还有一位销售员艾森，也很喜欢抬杠，是公司里公认的"杠精"。有次他不分场合地跟客户抬杠，他去客户公司里与客户面谈，当时还有很多其他人在场。当时是什么情况呢？当客户提到别人家的产品和报价，要比他们公司好时，他直接从椅子上激动地站了起来，并大笑着说道："怎么可能呢？我们公司的产品不说有多么好，但比起他们公司那还是要好很多的，而且报价的话，我们公司的实力摆在这儿呢，比他们公司高点儿也是理所应当的。"

艾森后来一无所获地离开了，客户没有再给他争辩下去的机会，直接把他给轰走了。

经过那次以后，艾森也深刻地反省了自己。当后来再有客户说"××家的产品比你们好，名气比你们大"时，他不再反驳，而是以"您说得对，××家产品确实好，这一点我们也非常认可"回应，让客户找不到可挑剔可争辩的地方。

　　很多时候的争辩，都会让自己失去先机，客户说什么，先去认同，给予肯定从而让客户信任你。如果只一味地争论，客户肯定内心不舒服，就不愿意再跟你有任何进一步工作上的实质关系。

　　在客户面前，争论不是最好的方法，最好的方法是沟通。有效的沟通，要比无休止的争论好得多。

　　作为销售员，要尽可能地去满足客户的需求，如果满足不了，也要尊重客户的观点，这样才会有利于接下去的工作。

学会换位思考

现象　*帮客户其实也是帮自己。*

每个人都希望自己不好的情绪可以被照顾，对于客户来说更是如此。作为一名销售员，一定要学会换位思考，站在客户的角度，替客户考虑问题，替客户感受他的心情等一系列因素。

尤其是当客户花了钱，还得不到好的服务时，客户就会产生抱怨及不满的情绪。在客户抱怨的过程中，销售员要一秒"变身"，站在客户角度去替客户说话，去替他解决问题。

销售员要学会换位思考，就必须先接纳和肯定别人的观点。相对地，如果总是听不进别人的建议，固执己见，一味地去否定别人，那么也就无法理解他人的想法和观点。

举个例子。

王铜在电器公司买了一台双开门的节能冰箱，买回去的时候挺开心，但后来去邻居家里，发现邻居家的三开门冰箱还没他家双开门的耗电多。于是第二天他气冲冲地去了电器公司想问个明白。

他来到电器公司，找到当初卖他冰箱的销售员大伟，问他：

"你当初不是说双开门更省电吗？怎么我家邻居三开门的比我这双开门的用电量还少一些，这是怎么回事？你这明摆着欺骗消费者呀，不买了，我要退货！"

大伟一听说王铜要退货，马上说道："是这样的，先生，我们公司规定如果不是质量问题的话，是不能退货的。您要退货是因为冰箱质量出问题了吗？"

王铜听了之后很生气，他很坚决地要退货，他说："我就是要退货，没别的理由，你们看着办。"

大伟很无奈，但他依然坚持自己的态度，他说："实在是抱歉，先生，我们这里不能退货，您想一想，如果客户都像您一样来退货的话，那我们的工作还怎么干呢？"

王铜越听就越来气，他很激烈地反驳道："我当初买的时候，就已经表明了我的购买意向，我说以省电为主，你给我推荐了这款，但如今我发现它不省电，你必须给我退货。"

双方各执一词，各不退让，最后陷入僵局中，大约过了五分钟……

大伟："这个我恐怕做不了主，不能给您退货。"

王铜："你做不了主的话，就叫一个能做得了主的人来。"

大伟没办法，只好去把经理叫了过来。

从以上情况来看，王铜生气是很正常的，他觉得自己买货的时候，销售员随意敷衍他，让他的权益受到了侵害。但大伟在接到王铜的反馈之后，没有站到王铜的角度上去思考问题，而是一直站在自己的角度上想问题，所以最终的结果是只好叫经理来解决问题。

如果大伟站到客户的位置上思考问题，又怎么会有这种局面发生呢？如果把自己当成客户，如果是自己遇到这种问题，是真的想要退货呢，还是就为了讨一个说法呢？若是换位思考了，大伟就可以根据自己的思考结果，跟客户进行沟通，就能很好地解决这件事情。

那么正确的做法应该是怎样的呢？

大伟知道王铜的来意之后，应该热情地把他请到顾客区。

大伟："我知道您的意思，您是说邻居的三开门更省电一些，其实您说的那款我也知道，而且我也用过。它们的优缺点，其实我都知道的，您是想知道它们各自的优势，对吗？"

王铜："是呀，感觉一个月下来，他们的电费比我们还少，而且我们还不怎么看电视，也没其他的用电之处，所以我就纳闷儿了。"

大伟："其实按道理来说，三开门的冰箱功率要大一些，自然是要耗电些。其中可能有些别的原因在里面，或者说，是不是您邻居出去度假了，有一阵没在家，所以没有用到电呢？"

这时，王铜猛地一拍脑门子，说："是呀，好像真有这么一回事呢，他们是出去了一阵，我怎么把这事给忘了呢？"

王铜说了一通抱歉之后，就自己离开了。

销售员不把自己当成客户，就永远不会知道客户有哪些要求，也就无法满足客户。一定要跳出自己的圈子，才能看得更远、更广，才能捕获其他更多的信息。

再举个例子。

小方想去买个手机，但小方一个月的工资并不多，所以他只打算买个 1000 元多点、差不多能用的就行了。

他来到手机店，营业员接待了他，小方说出了自己的想法。但营业员依然不识相地向他推荐一款 2000 多元的智能手机，小方觉得超出了自己的预算，不愿意购买。

争执了 10 分钟左右，小方说他不买了，他说自己说得很清楚了，营业员却还要一味地推荐给他其他的手机，营业员最后就是给他推荐 1000 元的，他也不想要了。

试想，如果营业员站在小方的位置上，自己本身就没太高的预算，别人还非得给你推荐一个其他价位的，营业员自己也会烦的，那既然会烦，为什么不多替客户想想呢？

只为自己想的人，跨越不了多远。必须先想对方，后想自己。

05

CHAPTER

第五章
说话的细节

⌄⌄

　　说话不一定都打草稿，出现失误的概率很大，而环境又是随机的，谁也不敢说没有说错话的时候，所以，说话的技巧和细节，都考验一个人的反应能力，让话听起来有连续的精彩，才是漂亮的结果。

用幽默化解尴尬

现象 用最轻松的方式化解错误。

幽默能在任何场合解决问题，尤其在销售过程中。也许有人认为"幽默"不值一提，没有多大的作用，其实不然，幽默，可以解决很多"大事"。

从心理学上来说，幽默可以让人轻松，能调节气氛，所以很多成功的推销员都很善用幽默的方式，来化解每一场尴尬与矛盾。

有一个列车推销员，他当着众多乘客的面，向大家推销一款橡皮手套。说完橡皮手套的特征之后，他接着展示这款手套的"特殊功能"，他说他能像吹气球一样，把这个橡皮手套吹大，结果在吹的过程中，手套砰的一声，爆了。

这位销售员其实也感到很吃惊，因为以前从来没遇见过类似的事情，现场气氛一度变得尴尬起来，在场的人在一阵沉默之后，忽然都大笑起来。

大家仿佛都在看这位销售员的笑话，看他会怎么办。这位销售员虽然内心震惊，但他并没有把这种惊慌的情绪表露出来。他整理了一下情绪，然后看着大家，幽默地说道："大家不用担心，像这样的橡皮手套，我是绝对不会卖给你们的。"

推销员说完之后，大家又开始大笑起来，但这次的笑，是对推销员表示尊重的笑，不是看热闹的笑。气氛一下又轻松了起来，乘客们争先恐后地买他的手套，因为他的幽默，在一个车厢里，一下就卖出了 30 多副手套。

仔细想想，在那种氛围里，如果不是推销员及时用幽默这一招，那他就只会沉默下去，不知道该如何收场。结局就是被人看了笑话，还没有任何人会买他的橡皮手套。

还有一位推销员，他上门拜访某家企业的董事长。他把自己的名片交给董事长秘书，他站在门外，让秘书代为传递。

董事长对这样的推销根本就不感兴趣，他二话不说，就把名片给丢开了。秘书只好拿着名片，退回门外，把名片还给了推销员。

本以为推销员会就此离去，但他没有，他对董事长秘书说："名片还是留下吧，我下次还会再来拜访董事长的。"秘书最终拗不过他，只好拿着名片又回到了董事长办公室。

董事长这次彻底怒了，他把名片撕成了两半，并从口袋拿出 10 元钱，说："10 元钱，够买他一张名片了吧？让他赶紧走！"

秘书退出来之后，把名片和钱都给了推销员，并传达了董事长的意思。这时推销员并没有觉得尴尬，他反而非常开心地说："麻烦您再转告董事长，10 元钱够买两张名片啦，所以我还欠他一张，就请他收下这张名片吧。"说完之后，他马上从口袋里拿出一张新名片递给秘书。

这时，办公室里忽然传来董事长的一阵大笑，董事长亲自出来，让推销员留了下来。不跟这样的人谈业务，该跟谁谈业务呢?

很显然,推销员用他的幽默,打动了原本对他不屑一顾的客户。如果不是他的坚持与幽默,他很可能在第一回合就败下阵来,像逃兵一样离去。

正是因为他的乐观心态和巧妙的技巧,才化解了这一场尴尬,还赢来了一位客户。

幽默是人智慧的表现,一个幽默的销售员,他会更加容易让人去接近他,信任他,因此他的人缘会比普通人更好。

小东是一个信用卡销售员,他与客户约定第二天上午 11 点赶往客户那里办理信用卡,但因为临时有事处理,加上塞车,不能如约到达。所以小东给客户去了电话,说明了情况,并表示能不能让客户再宽限半个小时。

客户听了之后很不开心,他在电话里呵斥小东,说他不守信。并告诉他不用来了,他也不想办理他的信用卡了,说完就挂了电话。

但小东听了之后并没有生气,他还是去了与客户约定的地点。见到满面怒气的客户,他依旧笑脸如初。他伸出他的右手,向客户自我介绍:"您好,我是 ×× 公司的 ×× 号顾问鲁小东,听闻您刚刚拒绝了一位业务员,那么恰好,让我为您服务。"

客户听了之后哈哈大笑,非但没有再责怪小东,反而跟他非常愉快地聊了起来,说他太幽默了,想生气都没法生起来。最后,这位客户办了一张白金信用卡。

小东也是用幽默化解了他与客户的危机。幽默在销售里有着不可小觑的作用,可以轻松巧妙地运用在各个地方,但前提是不能太过,要恰到好处。

销售成败取决于是否诚实

现象 你可以很机灵，但一定不要太狡猾。

没有一位客户是喜欢被愚弄的，所以他们所希望的销售员，是对他们百分之百诚实的。一旦被他们发现你愚弄他们，那销售只会以失败告终。他们不但会怀疑你的人品，更会怀疑你的产品，诚实与否决定你们能否成交。

下面讲述一个真实的案例。

刘磊是一个在事业上小有成就的商人，他小时候的梦想是拥有一枚宝石戒指，每次在街上看到别人戴那种戒指时，他都觉得很酷。如今他在事业上也有了一定的成就，便想给自己买一枚，圆了当年的梦想。

刘磊选择在一个工作日去了一家珠宝店，售货员非常客气地接待了他，并问了他的需求。刘磊马上说出了自己的想法，售货员便把他带到琳琅满目的珠宝柜台前。

刘磊第一眼就看中了最前排的一款蓝色宝石戒指，做工非常精致，在灯光底下一闪一闪的，是刘磊心目中理想的宝石戒指。

刘磊问了价格，当售货员告诉他价格时，他吃了一惊，因为这款宝石戒指的价格比他预期的要低得多，刘磊内心非常欣喜，询问了其他一系列问题。售货员微笑着告诉刘磊，让他放心购买，这真的是一款超值的宝石戒指，从各个方面看上去，它都很高雅。

看上去马上就要成交了，但刘磊忽然想到，应该也给妻子买一枚。售货员便把他带到女式宝石戒指的柜台，但在途经其他柜台时，刘磊看到了另一枚蓝色宝石戒指，这枚看上去似乎要更好一些，更精致一些。

所以刘磊要求店员把这款戒指拿出来给他看看，刘磊一时拿不定主意，这款与之前看到的那款，究竟买哪款比较好呢？刘磊问了问这款的价格，售货员告诉他，这款戒指的价格是他看到的第一款戒指的三倍。

刘磊很惊讶，同样的戒指为什么贵出那么多呢？售货员回复，那款是无色透明的蓝宝石，也就是人造的，而这款是边缘暗黑的真宝石。

不过售货员马上向刘磊保证，他之前看中的那款与这款几乎是没差别的，别人看不出来的。

刘磊非常不悦，售货员似乎有所察觉，她解释道："我本来是想告诉您的，可是看您那么喜爱它，就没好意思去扫您的兴。"

刘磊想要的显然是一款真正的宝石，而不是冒牌货，哪怕它看上去有多么多么好，他当然不会要。而现在面对这款贵出三倍的真宝石，他也没有心思买了，或许他认为去其他地方看看更为合适。

虽然售货员一直跟刘磊解释，但显然她一开始就说谎了，刘磊以为第一款是真的，物美价廉的，售货员给出的信号也是非常真实的，是在误导刘磊。

当刘磊看见第二款宝石的时候，售货员认为自己有加价销售的机会，可以说是售货员贪婪，也可以说她是不诚实，但不管是哪种，她都失去了这笔单子。

销售员要清楚一点，在客户面前，最好有一说一，不要等到客户自己来发现，到那时，已经晚了。诚实是最好的销售套路之一，也是销售员可以在这一行稳固立足的方法之一。

如果那位销售员一开始就向刘磊坦白那颗钻石的真假，她反而可以赢取刘磊的信任，刘磊也会在她的建议下买下一颗真宝石，因为刘磊是带着明确的目的去购买的。

从上述看来，你就知道诚实在客户面前，是多么重要了。

还有一次，好友的叔叔想卖掉一套房子，重新再购置一套新的。这套房子的地理环境优越，交通便利，价格也很划算。但唯一的小缺点就是，叔叔房外在建地铁，起码要三年才能完工，房子紧临马路，也会有施工车辆的噪声传进来。

好友的叔叔把房源信息发布之后，找他看房的人很多，但也有很多因为噪声而拒绝的看房客。

某天，一位30多岁的年轻人致电好友的叔叔，表示自己想看房。在他看房前，好友的叔叔把自己房子的优点和缺点都跟对方说清楚了。好友的叔叔表示，如果听完这些之后，你还想来看的话就过来看，如果不想看的话呢也没关系，反正他已把情况都说清楚了。

对方听完之后，不但没表现得很苦恼，反而很开心，他说他愿意过来看房。那位年轻人过来考察完之后，很满意。对好友的叔叔说，他以前住的地方噪声比这更严重，这与之相比只是九牛一毛，自己完全能接受。

于是他们达成一致，愉快地成交了这笔生意。年轻人还非常感激好友的叔叔能实话实说，他说这让他觉得买这套房子非常放心。

从这里就可以看出来，做销售不一定非要凭借"三寸不烂之舌"，有时候诚实反而能取得更好的销售效果。销售员要记住，要如实地说商品的优点和缺点，客户不是傻瓜，他自己会综合考虑。如果隐瞒商品的缺点，后果就会比较严重。

学会自我反省

现象 *会总结，客户就那几类。*

销售员除了要有足够强的学习能力，还要懂得自我反省。反省在每一场失败的销售里，自己为什么会失败，什么原因导致对方拒绝自己；反省为什么自己的业绩总是比别人差；反省自己为什么老是有那么多借口。第一时间检讨，第一时间改变，才有助于销售员更好地成长。

小六是一个刚入销售行业没多久的小伙子，觉得自己口才还算可以，就跑来当了啤酒销售员。小六有点儿小聪明，但是在对待工作方面，并不是很认真。尤其是对待客户，他总不是特别上心，不守时、爱吹牛、懒惰，这些都是他的毛病。

他的业绩也说不上坏，但也绝对说不上好。不坏是因为他的油嘴滑舌，有些客户会因此买单。业绩不好是他从不主动开发新客户，即便与人约好时间，他也常常不按时送货，导致人家不满。

老板说他几句，他会顶嘴，逼急了就会拿辞职相威胁。老板看在缺人手的分上，也没有多说什么。

但久而久之，小六的口碑就臭了，都知道他是这样一个人，没人愿意在他那里买酒。失落的小六面对日渐稀少的客户，并没有学会反省，他也不知道自己错在了哪里，最终他自己主动向老板提了离职，离开了。

不反省自己，既不能成就一番事业，更卖不好一单产品。

销售行业里每个人犯的错误都大不相同，要反省的地方也自然不同，有些人在自己的问题上不懂得反省，有些人面对处理客户的问题不懂得反省。

Jack 与客户刘先生约好周一上午 10 点来看车，其实 Jack 刚好是周一休息，但不巧刘先生只有那天才有时间，所以还是约了周一上午。

周一那天，Jack 早晨定的闹钟没有响，醒来时已经到了 9 点半。他急急忙忙穿衣服洗漱，早饭也没来得及吃，就出了门，可偏偏又塞了车，等他到了约定地点，已经足足晚了半个小时，而刘先生已经等了半个多小时。

刘先生见到 Jack 后很生气，他说："你要是来不了这么早，你就不要约这么早，这不是浪费我的时间吗？"

Jack 听完后，觉得很委屈，本来今天是休息日的，还辛辛苦苦跑来陪客户看车，再者说了也不是自己想要迟到的，完全就是"意外"。

于是他很不情愿地回复："刘先生，这也不能全怪我呀，本来我是今天休息的，但您说您只有今天有时间，我今天早上因为闹钟没响，路上又塞车所以迟到了，希望您能谅解一下我。"

刘先生："你这么说的话，那问题是不是都出在我身上了？是我不该约今天来看车对吗？但是既然约定好了时间，你也答应了，都是成年人，能不能守时一些？"

Jack："刘先生，您误会我了，我不是这个意思。我也不想迟到的，可今天真的是事出有因。闹钟也没响，而且塞车这种事，都是没办法预料到的。"

刘先生："塞车不知道早点出门？闹钟没响睡前不会检查一下？这些还用我来教你吗？"

Jack："刘先生，您就谅解一下吧。你看我们既然来了，不如就先去看看车吧！"

刘先生："我看没有必要了，我找别人看吧，就不麻烦你了。虽然你迟到，看上去并不是什么大事，但我真正生气的是你的态度，从你的态度足可以看出你的责任心与担当来，说白了，在你这里买车我不放心。"

Jack 的单子黄了，错在哪呢？他迟到连一句抱歉的话都没有，还认为是客户的责任，没有深刻反省自己的错误，还想就此敷衍过去，客户自然会离去。

销售失败总会有原因，销售员只有通过反省才不会再犯同样的错误，要是不进行深刻反省，下次还会一样，在一个问题上，摔两次跟头。

如果当时 Jack 意识到自己的错误，并诚恳致歉的话，客户也不会如此恼怒，会再给他一次机会。但 Jack 自己搬起石头把自己砸了，怨不得别人，只能怪自己。

人不怕犯错，怕就怕犯错不去反省，不去改正。小六是这样，Jack 也是如此，所以他们在销售行业里，混得不尽如人意。

反省没什么可怕，只要自己给予自己足够的勇气，来正视自己，面对自己的错误，不逃避，就会有解决的方法。

心态的重要性

现象 玩的就是心态。

销售员的心态决定销售的业绩，良好的心态对销售员来说非常重要，如果心态不好，销售自然也不会好。

大众汽车销售员迈克从事销售行业半年，进来时的头两个月，他非常不自信，总认为客户不会从他那里购买汽车。他人也比较颓废，他的自我暗示好像一语成谶，两个月里真的没有一位客户从他那里购买小汽车。

过去两个月之后，迈克开始自我反省：我既然进入到这个行业了，成为一个汽车销售员，那别人能做到的，我为什么做不到?

他在傍晚回家的路上，骑着自行车，仰望星空，大声呼喊："我可以的! 我会卖出去的! 我能的! 只管去做吧!"

喊完之后，他觉得无比轻松，他感觉体内充满了能量，一腔激情时刻都能被点燃。接下去的几个月里，他居然成了公司的销售冠军，有一种隐藏的能量总是在不停地暗示他往前冲。

在那之后，他几乎总是保持一个月20台车的销售量，他每天晚上都会给第二天的自己定下一个目标，告诉自己，一定要去完成，而且一定会完成。迈克一直靠着这种积极的心态，从一位普通的销售员，做到了销售经理的位置。

任何事业，包括销售，要想取得成功，只有一条路可以通关。那就是饱含热情，你所有的激情与热情，都要带到销售事业里来，它才能为你开辟出一片广阔的天地来。

销售员的工作可以说是世界上最累的工作，日复一日地奔波、拜访，还要遭受不同客户的拒绝、打压甚至谩骂。对于销售员来说，只能自我暗示、自我鼓励，一直保持一种良好的心态，才不会被打垮。

对于销售员来说，会遇见各种客人，也会遇见各种不同的突发状况，这都需要用不同的心态来面对。

作为一个销售员，除了积极的心态，还要有一个包容的心态。什么是包容的心态？即包容客户所有的一切。

比如每个消费者都有不一样的爱好，有不一样的需求，也有不一样的性格，或火暴，或温和，或不好沟通，不管是何种，销售员都要接纳与包容。

销售员要有给予的心态，都知道这样一句话，要想索取，必须先给予。要满足客户需要，维护客户的利益，为他们服务，给予他们关心。不断地给予，才能换回消费者对我们的回报。

销售员要有学习的心态，只有学习才不会被淘汰，你永远不知道你的竞争对手有多么厉害，多么强大，你不学习，就会给竞争对手打败你的机会，要想赢来客户，必须从各个方面去吸取知识，为自己所用，解决客户的一切疑难问题。

销售员要有主动的心态，客户不会自己找上门来给你送生意，永远都是销售员跨出那一步去主动寻找。或许你的老板不会给你布置多少任务，但你自己要给自己定目标，自己要去行动起来，给自己锻炼的机会，给自己成长的机会。

销售员要有感恩的心态，心怀感恩，才能走得更长久。在销售里肯定会碰到很多的困难，可在克服困难之后，要懂得感恩。那些克服的过程中，出现的人，遇到的事，无论是好是坏，都要感恩，因为他们都帮助你成长。

在销售的过程中，销售员尤其不要害怕被拒绝，被拒绝是常态。主要是看你自己怎么去看待它，你觉得它是小事，那它就是小事，如果你觉得是大事，那就是大事。全靠你自己的心态来调整。调整得好，你能继续前行；调整不好，就只能原地踏步或倒退。

销售失败，第一步就是总结反省自己，不要把错误归咎于外部环境，更不要把责任推到客户身上去，凡事从自己身上找原因。

有个二手楼盘的销售员叫王全，王全的资质平平，绝对不是"伶牙俐齿"型的。但他非常努力，每次找客户，带客户跑楼盘，包括公司其他的脏活累活全盘接手，从不抱怨。

有的时候因为在客户面前紧张，王全说话都不利落，客户嘲笑他，他也完全不在意，继续给客户讲解。因为不够"聪明"，他的业绩并不是很好。他身上唯一的优点就是心态好，也好学，一遍学不会的，他学两遍。

就这么一个资质平平的人，在后面两个月下来，竟然也售出了四套房子。同事调侃他，说太阳从西边出来了。但其实只有王全自己知道，他的努力，他的心态，他的付出，功不可没，陪伴着他一起拿下好成绩。

赞美客户的弱点

现象 给客户自信，也是一种贿赂。

发现对方的弱点怎么办？拿棍子去戳一戳？嘲笑一番？当然不是。要称赞客户的弱点，利用客户的弱点进行成交。谁都讨厌自己的弱点，也在意自己的弱点，正因为这些，销售员才应该赞美客户的弱点，让对方开心，以达到成交的目的。

如果你遇见一个客户不善言辞，非常沉闷，那你可以跟他说："沉默是金，先生，您运用得很到位啊，您的话虽然少，但每一句都说到了要点上，别人哗啦啦说一大堆的，您一句就能做总结，真是非常了不起。"

举个例子。

销售员杨磊去拜访客户陈先生，在拜访前，杨磊对陈先生的个人背景做了一番了解，其中包括他的兴趣爱好。在了解的过程中，杨磊得知陈先生平常为人处世，比较优柔寡断，做事拿不定主意，左右摇摆。所以很长时间一直还处在一个小主管的位置上。

杨磊掌握这些信息后，就去拜访了陈先生，在交谈的过程中，也确实如杨磊所了解到的那样，陈先生的主见不是很强，说话不爽快，拖泥带水。但杨磊决定实行赞美术，即反过来赞美对方的缺点。

杨磊对陈先生说："听陈先生这么说，我个人觉得对极了，很有感触。我相信您平常生活中一定是一个雷厉风行的人，做什么事情都很果断，决不拖泥带水，所以我很敬佩你们这种人啊。"

陈先生听完之后非常开心，因为在工作和生活中，从来没有人这么夸赞过他，都是说他磨磨叽叽，干事不利落。这被杨磊一夸，他开心得不得了。

杨磊这么做非常高明，人被夸赞从来没被夸过的优点，会比被夸经常被夸赞的优点要更开心。很自然，杨磊拿下了这位优柔寡断的客户。

把对方的弱点当成优点来夸赞，对方当然会非常高兴，毕竟谁都喜欢听赞美的话。

杨磊拜访王先生，王先生是一个脾气非常火暴的人，一言不合就爱发脾气。在与王先生的交谈中，杨磊就能感觉到这位客户不是一个很好相处的人。

杨磊在回话的空隙当中，找到一个适当的点，夸赞王先生："王先生，您说的话很有力量，同时也充满了平和感，让人觉得说得很有道理。"

王先生听完之后，都不好意思再暴躁了，他很不好意思地笑了起来。后面的聊天，王先生完全没有了之前的暴躁脾气，被杨磊一夸，反而变得拘谨起来，人也变得温和了不少。

再举个例子，温敏是一家外企的总经理，非常能干，十足的女强人。

这天她去美容店做指甲，接待她的是店员小慧，小慧知道温敏是一位女强人，举手投足之间很有女强人的气场。

小慧在给她做指甲的同时，跟温敏闲聊。小慧说："姐姐，您看上去很随和，尤其是笑起来的时候，让人觉得非常亲切，我想您在家里也一定是一位非常贤惠的妻子、很温和的妈妈吧。"

温敏本来没在意小慧之前说了些什么，但听到这段话之后，注意力马上就回到了小慧身上，开心地笑了起来。因为温敏平常的标签都是女强人，很少会听见这样的评价，所以听到小慧这么赞扬她，她的内心有说不出来的欣喜。

美甲差不多结束的时候，小慧立马向温敏推荐："我们这里有其他几款非常不错的美甲样式，我觉得很符合您的气质。您要不要考虑办张会员卡，下次来的时候可以有折扣，虽然折扣对您来说算不了什么，但最主要的是美甲的样式非常适合您。"

此时温敏还沉浸在被夸赞的欣喜中，脑子一热，就办了一张会员卡，她也完全没管自己以后还会不会来，因为这次完全是路过碰巧进来的。

小慧很聪明，她没有拿那些老套的话去夸赞温敏，因为她知道温敏对那些话早就听腻了，说了也是不痛不痒，找着没人夸过的点去夸她，简直一击就能"致命"。

我们如果觉得一个人长得漂亮，就会把她的美貌放大，而把其他的点给忽略掉。觉得一个人在事业上很有成就，那么她在家庭上就不会有那么多时间去照顾，不能兼顾家庭。

其实这些都只是把那个优点无限扩大，另一个点自然就消失不见了。如果销售员能够找到那个细微的点，去夸赞客户，那自然是不那么"油腻"的赞美听起来要好得多。

不说废话，说有用的话

现象 三句话不说重点，人跑了。

话谁都会说，但怎么说，怎么把话说到点子上，是一门学问。很多销售员看上去很会说，说得天花乱坠，但实际上并没有起多少作用。

销售员要简明扼要地与客户去沟通，介绍自己，介绍产品，废话太多，生意就会泡汤。

小汤的手表坏了，准备换一块新的，他去到一家钟表店。店员小新接待了他，小新很热情，可能见小汤跟他同岁，不免话多了起来。最后闲聊了20多分钟，被小汤终止了话题，小新才结束了交流。

小汤："给我看看这块手表。"

小新："好的，给您。"

小汤："这块手表怎么样？"

小新："很不错，您要是想买的话，就可以趁早入手，购买过这款产品的人反馈都很好，尤其是它的性能，相当不错，外观也很漂亮。您要好好考虑下，作为我个人的话，我也会买这款的，而且这款也非常适合您。或者它也有些细微的毛病发生，但那也不碍事，总体来说，是很好的产品呢。"

以上对话，售货员有毛病吗？有毛病。小新啰唆不断，不简明扼要，如果碰上一个不耐烦的客户，会直接听不下去。

正确的说法应该是怎样的呢？来看一下：

小汤："给我看看这块手表。"

小新："好的，给您。"

小汤："这块手表怎么样？"

小新："使用过的顾客反馈都非常好，评价都非常高，当然对于您来说，越早享受到它的性能越好，相信您的眼光是能做出明智的选择的！"

话不在多，在精。自己非常熟悉的，要肯定回答客户，用最精辟的话语，不熟悉的，不要贸然作答，可以直接告诉客户，等下次弄清楚之后再为他解读。

跟客户谈判时要条理分明，讲究逻辑性，比如一、二、三，一条条说自己的点，这样客户听上去会舒心，也会觉得你的业务能力强。

小张去买电脑，店员小罗根据小张的预算推荐了一款电脑。小张问小罗电脑性能。小罗："这款电脑，首先从外观上来看，非常漂亮简洁，纯白色设计，符合您想要的风格；其次，这款笔记本非常轻薄，便于出差办公；再者，我们电脑的内存非常大，电池容量也非常大，外出时不用纠结有没有带充电线。"

这就很简洁，给对方传达完产品的利益点，一个字都不用多说，客户心里自有一杆秤来衡量好坏。

再比如，一个年轻人想买一套房结婚用，去了售楼处看房。接待他的李杰是一个经验丰富的销售员，李杰按照年轻人的需求带他看了房。

开门进去的时候，李杰就大为赞赏："哇，这太棒啦，您看这阳光能直接洒进阳台，小区比较靠里，也很安静，不会打扰你们的休息，交通便利，这简直是好得不能再好的住所啊。"

李杰了解年轻人的需求，在前面铺垫完之后，一针见血地直击客户的要害，当然会让年轻人心动。

年轻人站在阳台上，看着外面射进来的阳光，频频点头赞同李杰的话，他说："你说得没错，住在这里肯定感觉很美妙，我跟我妻子都喜欢安静，她的品位跟我也大抵相同，相信她也会喜欢的，那我们现在就定下来吧！"

高级的销售员，知道什么时候说什么样的话，根据客户的需求说话，不说无关紧要的话。有时候，即使产品存在不足，光靠语言的魅力也能打动客户。

当然，在说话前，尽量弄清楚客户的性格和他的处事方式，这样才能事先设计好话语，反复揣摩。如果销售员对每个客户都说一样的话，千篇一律，那肯定是要跌跟头的。因为每个人性格不一样，需求不一样，想听的话语也就自然不一样。

李静经营着自己的一家咖啡馆，她正给自己的花儿浇水，这时进来了一位客户，她连忙上前招呼。

客户叫刘海，但这次他来并不单是喝咖啡的，他实际上是来做红酒直销的。刘海表明了自己来的意图，把资料和名片递给了李静。

刘海："我这次来主要是寻求合作机会的。"

李静："你想怎么合作呢？"

刘海："现在很多人都利用朋友圈的人脉进行销售，我们以团购为主……"

刘海这里说了一大通，但李静还是没有明白他的真实意图。

李静："你说的那些我都理解，我只关心一点，我们怎么合作？"

接着刘海又说了一堆，但还是没有说到点子上，最后李静把他"赶"了出去，因为她实在是没有耐心听下去了，而且还要照顾咖啡馆的客人。

说得再多有什么用呢？没有说到客户关切的点上。销售员应找准客户需求，把话浓缩成精华，最后呈现在客户面前。

热情的魅力

现象 **热情可能是一种本职工作。**

　　热情对于销售员来说，是"必需品"，没有热情，就意味着你的工作难以得到进展，也意味着你很可能卖不出一单产品。没有人愿意跟丧气的人接触，热情是除微笑外打动客户的另外一剂良药。

　　有一个导购员，是专门推销家居用品的。一天，一对儿刚结婚的新婚夫妇走进店里，在一款皮质沙发面前看来看去。这位导购员把客户的这些举动都看在眼里，便马上走过来，微笑着询问，在简短的交谈后，他发现这对儿夫妇有购买的意向。

　　于是这位导购员便发起了热情的攻势，他开始发问："你们喜欢的是真皮沙发吗？"

　　客户："是啊，我爸妈年纪都大了，想着真皮沙发坐上去很舒服，我们自己也很喜欢。"

　　导购员："那这样就再好不过啦，这是我们店最好的真皮沙发，绝对不是合成皮。"

　　这时导购员蹲下身去，用食指摸了摸沙发上的表皮，开心地对客户说："你们试坐试坐，顺便用手指触摸它一下，感受一下它的质感。"

年轻夫妻听从导购员的话坐了下来，一边触摸一边感叹："质地确实非常好。"

这时导购员接着问："先生，你们平常家里几口人住呢？"

客户："我，我妻子，还有我的妈妈。"

导购员："那这款沙发的长度刚好，不但能坐下三个人，就算是平常家里来客人也足够有余呢。"

客户看了一眼沙发，又心满意足地点了点头。

导购员："你们在家里的话喜欢在哪儿办公呢？"

客户："不一定，有时在书桌上，有时在沙发上，就是在沙发上办公比较多，喜欢把整个身子都蜷缩进去，所以想买张舒适的沙发。"

导购员："那这张沙发完全适合您呢，这张沙发不仅长度刚好，宽度也刚刚好，而且前面摆张和沙发差不多高度的茶几，我想是再合适不过了呢。"

客户："是啊，跟我想的一样。"

说完这些之后，导购员觉得引导得差不多了，就问："先生，你们住的地方离这儿远吗？"

客户："还好，不到 8 公里的路程。"

其实导购员并不是真的想去了解客户家住在哪里，而是想引导客户下一步的意图，是想送货上门，推进销售的进一步成交。

导购员："那看看哪天给您送过去合适呢？明天刚好是周末，要不要明天给您送过去，还是说工作日送比较好呢？"

客户："那明天吧，刚好周末，我们也有时间来收拾。"

热情的销售员总是不会吃闭门羹的，导购员的成功推销跟她热情的引导有关，每一句详细的询问，既问出了客户的需求，又让客户感觉备受尊重，这些都是让客户产生购买欲的前提。

不管销售什么产品，都必须满腔热情地去推销，才能让产品有更大可能性推销出去。

某天，何先生在自己开的咖啡馆里喝咖啡，这时走过来一个年轻人，向他推销产品。何先生知道对方的推销意图后，立马表现得不耐烦起来，想让对方马上走。

但这位推销员并没有因为何先生的反应，做出逃跑状，而是从包里拿出产品，对何先生说："先生，您先不用着急赶我走，您买不买都没关系的。我只是想让您知道这款产品的功效，您看啊，像咱们坐的这椅子，这桌子，平常都很容易脏，但只要喷一下我们这款玻璃水，再用布轻轻擦拭一下，脏东西就没有了，非常方便快捷。"

何先生没有说话，让销售员自己演示，但他没有再生出反抗的心理了，因为销售员在话语中给了他暗示，"买不买都没有关系"，还有就是销售员亲自做了示范，让他觉得产品的功效确实还不错。

何先生觉得产品还不错，销售员也不令人讨厌，他就干脆买了一箱，他说咖啡馆反正也大，这个也不那么容易过期，买一箱存着，方便日后使用。

这位销售员也正是用自己的热情感染了客户，试想一下，如果一个推销员很冷淡地走到你身边来，你会有购买的欲望吗？没有的，只想躲避得远远的。

我记得有一次自己就遇见过这样的事，大概四年前，一位小伙子在路上向我推销东西，我当时心里对这种路边推销很反感，理也没理他，径直走了。

但没想到他一路小跑着追了上来，我对他的态度非常糟糕，甚至可以说是冷到了极点。但他没有丝毫退缩的意思，他说："我就耽误您两分钟，您要是赶时间，我们可以边走边聊。"

他这样说，我实在是没有再拒绝的理由了，只得听他继续讲下去。他从包里掏出他的产品，其实并不是什么大不了的东西，而是一套几十块钱的洗发水沐浴露套装。但他对他的产品表现得非常热爱，说那是他用过的最好的洗发沐浴用品，希望这种好用的东西不被埋没，可以给更多人使用。

这时，我就没有再往前走了，产品是另一回事，他的态度非常值得赞赏。

我对他说："你有几套？我都买了。"推销员听了之后很惊喜，他说："我有 10 套，但是您就这么拿着肯定不好走路，您给我一个地址，我把产品给您送过去。"

那次之后，我跟这位推销员成了不错的朋友，原因不只是他对工作的热爱和热情，我觉得他生活当中肯定也是一个相当积极的人。

果不其然，由于他的这种工作态度，无论是客户还是上司，都对他赞赏有加。他现在已经从当初小小的销售员，被提拔为销售总监。

热情可以化解人心的冷漠，更可以化掉客户原本不好的态度，每个人都是有感情的，客户也是如此。当你用热情打动客户时，你们之间的合作关系自然也就形成了。

发自内心地关怀客户

现象 *虚情假意太多，客户受够了。*

销售员要懂得与客户交朋友，把客户当成真朋友那样去关怀，让客户感受到温暖，让他觉得你值得信任。把客户处成真朋友，对销售员的销售工作有着大大的帮助。

有一句话说得好，做生意就是做朋友。生意做得好不好，就看朋友处得好不好。当然，与客户交朋友，是要用真心来交的，如果只是为了当下利益，以"用人朝前，不用人朝后"的想法交朋友，那也不会换来客户的真心。

说白了，就是处处站在客户的立场上，关心他的利益，关心他的实际需求。把客户的需求，当成自己的需求来对待。

小古是个卖服装的销售员，每年他接待的 VIP 顾客不计其数，小古有个其他店员都没有的优点，那就是非常会关心客户。

比如说，他接待一位来店买羽绒服的客户，要是看见对方瘦小的话，他会小心翼翼地对客户说，现在天凉了，是该注意保暖了，尤其不能感冒呢，若是感冒了这种时候比较难好，所以（先生）小姐要穿暖和一点儿哦。

　　小古会把每次记录的客户信息如出生年月等，存到自己的手机簿里，并把每个客户的生日设置成了一种特别的铃声，到了日期就会提醒他，他就会给客户打电话或发消息，祝对方生日快乐。

　　看似小小的举动，却让对方感到非常温馨，所以来找他的老客户非常多，都是冲着他的人，他的心来的。

　　有一次，外面没有任何征兆地下起了大雨，一位顾客跑进来避雨，当时小古也在。小古找来椅子让客户坐，并且给客户端来了一杯热水。顾客反而不好意思起来，她说我就是进来避避雨，不买东西的。

　　小古说没关系的，您尽管避雨，买不买东西都是次要的，别淋到雨感冒了就好。顾客听完之后，非常暖心，本来就上了一天的班，还碰上下雨，这时候被一个陌生的人关心，那种温暖的力量是可想而知的。

　　在等待的过程中，因为小古的这种行为给顾客建立起了信任感，所以这位避雨的顾客很快与小古交谈了起来。半个小时之后雨停了，顾客手里也提了两件羽绒服，不管她是出于感激还是出于对衣服的喜爱，总之她都是买了。

　　可见关心的力量有多么大，一个眼神、一个动作、一个微笑，都会让对方感到温暖，这么小的细节，销售员更应该去做到。

　　在长沙有一家足疗馆，生意非常火爆，与当地同行业比起来，别人家的生意不及他们的一半。为什么呢？是因为这家店的老板非常懂得"攻心计"，他会把员工们训练得像一位非常会聊天的"心理专家"，告诉员工应该从哪些方面去关怀客户。

尤其在足疗行业，足疗本身就是关心客户疾病的，按摩某些部位能有效地改善客户的健康状况。如果手艺好，再加上员工会关怀的话，客户是很乐意再次前往的。

把客户放在心上的推销员，自然会受到客户的好评，相应地，客户也会把对方放在心上。

有一位推销木门的推销员，上门去拜访客户。但客户家里的装修还没有全部实施完，客户也在帮忙弄，看上去"灰头土脸"的样子，整个地方都凌乱不堪。

这时推销员就说："您还自己亲自上阵，不要太辛苦了，慢一两天完工也不要紧的，不要累到身子了。"在说话的同时还帮着递工具。客户听着觉得挺暖心，跟他闲扯了起来，他说没有办法，外面的人工贵，自己以前也学过这行，能做一点儿就帮着做做。

在聊天的过程中，很自然地，推销员就把话题带入了此次来的意图中，说到了木门，推销员赞美客户的房子装修得很气派，房间也很大，说自己的产品刚好跟客户的房间匹配。在介绍的过程中，推销员处处为客户着想，他说这种门没有任何味道，是处理过的，也不会对人的健康带来有害影响。

客户全程中都觉得这是一个非常不错的推销员，处处关心他，一点儿也没有在乎自己的利益，所以他二话没说，就订购了五扇木质门。

在临走前，那位客户对推销员说："你真是我见过的最诚心实意的推销员，以后我还会找你的。"

你给予别人关怀，别人也会以诚相待。不管你推销什么，关心客户都是永恒不变的话题。你今天帮助了客户，来日你碰到困难时，客户也一定会帮助你。

曾经有个卖眼镜的销售员，他每天卖出去的眼镜都是其他店员的二至三倍，其他同事向他取经，他说自己并没有其他特别之处，如果要从业绩来看的话，他做得比较好的一点就是会关心人。让客户感受到他是发自内心地在关怀客户，而不是在敷衍客户。

同事们似懂非懂地点点头，都笑着说，看来要多向你学习，看看你平常是怎么关怀客户的。

其实很简单，那个业绩好的销售员是怎么做的呢？当有年轻人想来配眼镜时，他会先给人测度数，如果觉得对方度数不是很高的话，他会诚恳地建议对方，先别戴眼镜，适当地让眼睛休息会儿，不要太过疲劳，没什么大事。如果戴了眼镜，久了眼睛反而会出现不小的问题。

这样客户听了自然会觉得销售员是在真正关心他，顾客也就把这家店还有这个人一并记在脑海里，如果下次有朋友或同事想要配眼镜的，她都会全力推荐这家眼镜店。

你信赖这个人以后，自然会信任他所推销的产品，这是常态。只有人先走进客户的心里，产品才能跟着一起走进客户的心里。

做销售，先从学会如何关怀别人开始。关心没有大小之分，重在心意，把这点做到位，我想销售之路并不难。

学会和客户搭话

现象 不会搭讪，客户不会主动过来。

做销售不但要学会维护老客户，更要学会去挖掘新客户。销售员如何与陌生人（客户）搭话，是一门高级学问。话搭得好，那么就有进入下一步的可能，搭得不好客户直接走人。

如何搭话更好呢？三大关键点：礼貌、有趣、直接。还有最主要的一条，话要说得好听。如何开始比较好呢？

可以从对方的着装来判断，他的个人喜好。例如对方抽烟，你刚好看见他在用 ×× 牌的打火机，那你可以与对方谈论这个牌子的打火机，从细节开始入手。谈话间，轻松有趣，一般都不会引起别人的反感。

第一次见面轻松愉快，就给第二次做好了铺垫，接下去都是顺理成章的事情。

不管是何种情况下，第一步都比较难跨越，刚刚从事销售行业的销售员会问，如何才不会出现紧张的局面？首先是自信，不管是哪种情况下，自信都是验证自己能否成功的主观原因之一。

如果你遇见一个销售员，他没有一点儿自信，既不相信自己，也不相信自己的产品，那他能成功吗，肯定不会成功。

地板销售员小高拜访陌生客户，刚一见到客户，他就显得拘谨，坐立不安，整个人显得非常不自然。在整个过程中，他非常局促，说话也是小声小气的，那声音，估计只有他自己才能听到。

当他拿出产品资料准备介绍时，客户直接说："你回去吧，我想我们暂时没有需要，等有需要的时候再找你。"

很显然，这是一次失败的拜访，客户委婉地拒绝了他。小高的失败明显在于他的不自信。自身的不自信，会给客户带来极不好的印象，客户连人都没有接纳，就更加不会去接纳你的产品。

想要获得自信，就必须打内心认可自己，认定自己可以，从多方面来肯定自己。做完一件小事，告诉自己很棒，表扬一下自己。早上外出上班前，站在镜子面前，大声说10遍"我可以"。

如果是在路边或任意一个场所，可以从对方的着装或细节来展开一个话题，进入一个话题。如果是销售员上门拜访陌生人，那就要从说话技巧进入销售的环节。

推销员赵武推销一款高级微波炉，他前去拜访陌生客户，敲门。客户："你有什么事吗？"赵武当即回答："请问您要买微波炉吗？"客户："不买。"随即关门。

赵武的这种拜访显然存在着问题，一开始说话就错了。问客户想买吗，当然不会想买。如果换种方式，就不会出现这种局面。比如："打扰您了，想问一下您家里用微波炉的吗？"那客户肯定会回答有，或者没有。总之客户开口说话，销售员就有进一步询问的机会。

销售员最常犯的一个错就是"需要吗"，不要这样开口去问客户，会直接断掉与客户之间的联系。第一句话说得好，后面的氛围也会非常轻松。

怎么样才算是比较好的搭讪呢？可以从以下的几种方式开始。

1. 从细节观察，聊共同话题

比如巴西人喜欢谈论足球，英国人喜欢聊天气，销售员也可以找点儿当下热门的话题进行畅聊，比如房价跌了还是涨了，比如城市的交通拥堵，找一个你擅长且客户也喜欢听的话题聊下去。

针对什么样的人，就聊什么样的话题，针对一个商务人士，或许他喜欢聊金融，但针对一个家庭妇女，她未必会喜欢。

小李比较喜欢用这招开启销售大门，并且每次都非常成功。他经常看时事，也常关注热点新闻，对所处的环境有比较深刻的了解，所以他的话题能经常打动客户，客户也很乐意与他聊。

综上所述，作为销售员不要局限于一面，必要的时候多学习，多了解一下自己平常所不知道的东西，对销售是有帮助的。

2. 乐善好施，以提供帮助开启销售大门

作为一名销售员，就该眼观六路，如果看见身边有需要帮助的人，第一时间伸出援手，如果对方乐意接受你的帮助并露出微笑，那么恭喜，搭讪是成功的。再怎么陌生的人都不会拒绝与帮助自己的人聊天，但是要注意分寸。

小冯是个乐于助人的销售员，平常谁有点儿小事他都不会拒绝，很热心地帮助别人。他把这种优点，延续到了工作中。平常上班的地铁上，让个座是常事，拜访客户等电梯的过程中，帮别人按按钮等。

他经常通过这些小事，在第一印象里博得客户的好感，从而进行搭讪。加上为人随和，业务比较熟练，他的推销成功率一般都在 80% 左右。

3. 真诚赞美客户

没有一个人会觉得赞美是世界上多余的语言，你说得越动听越好，当你的赞美奏效后，客户都不会拒绝与你深度交流，聊产品就是很自然的事。但赞美一定要得当，不要"空"赞美，什么是"空"赞美呢？

就比如说，你遇见一个很胖的大姐，你非得夸她看上去很瘦，这样的赞美，听上去就会变成一种嘲笑。你可以夸她可爱或丰满，那她一定乐于接受。

小奇是汽车销售员，每次有客户与他接触时，他都会先认真赞美对方一番，在不知不觉里赞美，让客户觉得非常舒心。比如一位年轻的小伙子来看车，若小奇看到他手腕上戴着手表，就会夸赞他的手表非常个性时尚，夸赞客户的品位非常好。

长此以往，小奇在无数次的开场白里，轻松地与客户处成了朋友关系，客户信任他，也信任他的产品。

4. 以客户优点切入

是人就会有自己擅长的领域，有些人炒菜很好吃，有些人炒股很厉害，有些人的手艺非常出色，有的人棒球打得非常好，有些人唱歌唱得很好。销售员可以从客户的特长开始聊，拉近你们之间的距离。

如此等等，用以上的话术为突破口，相信对销售员来说有百利而无一害，会迅速地成为销售行业的"搭讪"高手。

别让客户觉得你不靠谱

现象 信任是最好的推销。

客户最重视的一点就是言而有信，言必信，行必果。一旦觉得销售员不守信，不靠谱，那么之后再怎么弥补，客户都很难再信任自己。

卢克手机坏了，过了保质期，住家附近没有手机店，只好拿到离家几公里的手机店去修理。到了店里，卢克说明了一下手机的问题，老板说可以修好，但是现在店里缺少某个零件，要去库房拿。

卢克："大概多久？"

老板："骑电动车大概 15 分钟，你要是能等的话，就等我 15 分钟。"

卢克想着时间也不久，那就等吧。

然而等了半个小时，老板都不见踪影，这时卢克开始催促店里的其他人。其中一个营业员说，再等等吧，估计是路上塞车了，现在刚好是下班的点。

卢克心里虽然很不舒服，但也只能继续等，毕竟已经等了这么久了。卢克足足等了 40 分钟，老板才回来。

卢克："你们也真是的，也不是第一天开店了，遇见这种情况肯定知道预估的时间吧，要是做不到就不要把时间说那么短，万一碰见客户有急事呢？"

老板："这个不好意思啊，现在不来了吗，马上就帮你修，你再等个 10 分钟就好。"

要不是卢克着急修理手机，他肯定不会再在这家修理，老板太不靠谱了，就如他自己所言，完全可以把时间说得长一点儿，让客户心里有个数。故意把时间说短，迫切想成交，但自己又做不到守时。

这种在销售里来说，也是经常遇见的事，故意夸大效果，但又达不到预期效果，让客户失望而归。

要想买卖长久，卖家就必须靠谱，第一次不靠谱可能不会损失什么，但第二次客户是绝对不想再次合作了。

销售员不要把话说死，也不要把话说满，实事求是地说，才能让客户信任自己，觉得自己是个可靠的人。

举个例子。

王云最大的心愿就是祛除脸上鼻子上局部的斑，她存了小半年的钱，去到一家小有名气的美容店。店员特别热情地接待了她，给王云看了之前的祛斑案例，夸赞自家的产品多么多么厉害。看王云犹豫不决，不断向她保证，如果祛不了斑，就退款。

王云被店员这么一说就心动了，爽快地付了钱，开启了祛斑之旅，坐等疗效。但让王云没想到的是，几个疗程过去了，脸上的斑就淡化了一点点，并不是店员当初所说的百分之百祛斑。

事后王云非常恼火地去店里理论，既然祛不了斑就无效退款。店家表示："您看噢，当初您脸上的斑是挺密的，现在我们帮您淡化了不少，不能说一点儿作用没有啊。"

王云当然不服气，她把这件事情透露给了当地新闻媒体，电视台曝光之后，这家店补偿了王云 80% 的费用。

这家店的做法就是把承诺给说满了，但又不能满足消费者的需求，这么做就是极其不靠谱的行为，后果必然就是在行业内失信，没有客户会再次去信任这家店。

如果店家一开始实话实说："我们不能保证您的斑能全部祛除，但我们能保证淡化您的斑。"这样的话，消费者容易接受，也不会觉得有欺骗的行为，反而会觉得这家店非常靠谱，自然还会再次前往。

什么是靠谱？靠谱即诚信。承诺给客户的话就要做到，做不到就不要空口白牙地去承诺。一旦失去信用，千金也难再买回来。

要让客户觉得自己靠谱，必须全方位注意，讲诚信是一回事，还有最重要的几点，千万不能在客户面前表现出来。

1. 不说上司的坏话

有些销售员，在客户面前抱怨领导，说领导的不是，说到忘情处，还会做咬牙切齿状，这是千万不能在客户面前流露的。你跟随领导，领导处处教你，有时候还要给你收拾烂摊子，在背后说人家坏话，客户肯定会觉得你人品不好，也没有包容心。反过来想，客户在公司也是领导，如果有员工在背后说他坏话，他会怎么想？这是客户万万不能容忍的。

2. 不说同事的坏话

不要在客户面前说同事的坏话，虽然客户嘴上不会说什么，但心里肯定会对你有看法。客户会觉得你心胸不够宽广，在生意中也不会是一个好的合作对象。他们一般会最后找一个合适的理由，中断这场合作关系。

3. 不说公司的坏话

公司是让自己成长的平台，给予自己很多的东西，你所有的利益都是公司给予的，可以说没有公司就没有现在的你。如果在客户面前说公司的种种不是，客户肯定打心眼里瞧不起你，更不要提合作的相关事宜。

要做靠谱的人，就必行靠谱的事。在客户面前，把品行、真诚全都拿出来，告诉客户，你是一个值得信赖的合作伙伴。